良家の子育て

マナースクール「ライビウム」代表
諏内えみ
Sunai Emi

毎日新聞出版

良家の子育て

はじめに

「良家」とはどのようなご家庭でしょうか？

「良家」や「育ちがいい子」という言葉にはみなさまそれぞれのイメージをお持ちでしょう。私が主宰する「親子・お受験作法教室」では、「名門校に受かるのはやはり良家のお子さんですよね……」「私も夫も育ちがいいわけではないので……」とネガティブな思いやコンプレックスをお持ちのお父さまやお母さまが少なくありません。

このように、「私たち家族には無縁」「手に入れるのは到底無理」とあきらめてしまっている方にこそ、まったく異なる私の思いをお伝えしたいのです！

では、諏内えみが考える「良家」とは……、

・代々続く「良い家柄」「名家」など、「限られた生まれの特別な人」だけのものではない。
・今から、誰でもが手に入れられる。

ということです。これらをお伝えするのは私の志であり、使命とも思っております。これらをご理解くださった上で、本書を読み進めていただければ幸いです。

「良家」「育ちの良さ」は、30代でも50代でもいくつになってからでも手に入れられます。とは言え、お子さんにはできるだけ早い段階で始めてあげられると、よりスムーズでかんたんに「良家」の「育ちがいい子」に近づくのは確かです。

では、「良家」と呼ばれているご家庭や、「育ちがいい子」と言われるお子さんのお父さまやお母さまは、一体どのような子育てをしているのでしょうか？

その秘密に迫り、わかりやすくお伝えできるのが本書です。私の作法教室に通われている「良家」のご家庭の子育て法や、私が実際に作法教室で行っているレッスン内容を惜しみなく披露いたします。どの幼稚園やどの学校でも欲しい「育ちがいい子」「品のある子」にする方法も具体的に記させていただいています。

そう、私がこれまで語ってこなかった門外不出のメソッドを、みなさまにも今すぐできるノウハウとしてまとめた指南書が、この『良家の子育て』なのです。

1回で変わる

「1回の授業で結果を出す」「初回で直す」「1回目で変える」

これは私が代表を務める、名門幼稚園、小学校受験を目指す親子向けの作法教室と、大人のマナースクール両方のコンセプトです。また、私自身のポリシー、志でもあります。そしてこれらは設立当時からまったくブレていません。「1回で変わらなければ、1ヵ月、半年、1年経っても変われない」という考えは、これまでの私の長年の実績からも断言できます。

「1回でこんなに変わるなんて！」「何を試してもだめだったのに、本当に驚きました」「2年半も通ってるお教室でも直らなかったのが、1時間でできるようになるとは……」と毎回感激の言葉が聞かれるのもそのためです。

初回レッスンでは、我が子の激変を目の当りにしてポロポロと泣かれてしまうお母さまも、じつは珍しくありません。「妻が驚いていました」と後日お父さまがおっしゃることも多々あります。

また、私はカウンセリング時に「毎回、必ず、お子さんのその日の授業の成果をご覧いただきます」とお父さまお母さまにお伝えしています。生徒さんに結果を出させることが私の仕事ですから、1回1回の授業で改善すべき部分はしっかり改善させ、できなかったことをできるようにさせなければ、通っていただく意味がありません。

しかし、遠方にお住まいで、私の教室に直接お見えになれない方もたくさんいらっしゃいます。

そこで、「もし、みなさまのご家庭でも同じように実践できたら？」「私が実際に多くのお父さまお母さまやお子さんに接し、短時間で結果を出してきたノウハウをお伝えできれば……」と考え、本書を執筆する運びとなりました。私の経験上、「みなさまのご家庭でも必ずや成果を出していただける」ことと、自信を持って書きあげることができたのです。

他の子育て本との違い

世の中には「子育て」や「しつけ」、「マナー」に関する本は山のようにあふれています。では、それらと本書の違いとはなんでしょう?

私は、自身の作法教室で「育ちがいい子」「品がある子」に育てあげる所作や話し方を専門に指導しています。お受験をなさる方は、「どの幼稚園、どの学校でも欲しい子」に仕上げ、トップ合格を目ざすことが私の務めです。本書『良家の子育て』は、お受験で高い合格率をあげている諏内メソッドをお伝えできる（現在）唯一の書籍となります。

子育ての理想論を並べ、「後はお父さまお母さまにお任せします……」という本ではありません。取り組みやすいよう「形」をご指南。できるだけ具体的にわかりやすく書かせていただいていますので、今日からすぐに始められます！

・「育ちがいい子」「品がある子」は何が違うのか？
・具体的に、お父さまお母さまは何をしたらよいか？
・子どもに何と声かけをすればいいのか？

このような、みなさんの素直な疑問や、日々悩んでいること、お困りのこと、どうしても上手くいかないこと、「ここを伸ばしたい」と思われていることを、確実にサポートできる一冊となるはずです。

本書では項目ごとに、☘（クローバー）マークで難易度の目安を表していますので、ご参考になさってお進めください。

2歳～小学校1年生までにできると望ましいこと

小学生になったらできると望ましいこと

小学校3年生以上でできると望ましいこと

本書『良家の子育て』を通して、お子さんが身につけたお行儀やふるまい、手に入れた「育ちの良さ」は、親から子への最高の贈り物です。

この無形のギフトを、愛するわが子に贈りませんか？

第2章 所作・ふるまい 見た目からにじみ出る「品」と「育ち」

第3章 あいさつ・話し方

時代や手段は変わってもおつきあいの基本

第4章 コミュニケーション

家庭は最初に経験するコミュニティ

第5章 お出かけ・公共の場所でのふるまい

家族以外と同じ空間を共にし、心地よく過ごす

第6章 およばれ・訪問
あたりまえが通じない「よそ」のルール

第7章
身だしなみ・身の周りを整える
自立の一歩は毎日の身だしなみから

第8章 感性を育む体験と教養

普段の暮らしの中で感じる、伝える

第9章 強い心を育てる

どんな時代・状況にも立ち向かっていける精神力

第1章

食べ方・食事のマナー

「育ち」のすべてはここに表れる

「なぜスタートが『食べ方・食事のマナー』から？」と不思議に思われた方も少なくないかもしれませんね。

私が長年の間、マナー講師としてテーブルマナー講座で多くの生徒さんを指導したり、さまざまな方と食事をご一緒し、たどり着いた結論があります。それは、「食べ方はその人のすべてが表れる」ということ。育ち、生活習慣、生き方をはじめ、食物に対する感謝と、育てた人や作ってくれた人への感謝と敬意、同席している方や周囲の方々への気づかいや思いやりなどそのすべてが！

子どもだってもちろん同じです。ご家庭の教育方針やしつけ、育て方が顕著に表れます。まずは、ご家族の食べ方と、守るべき食事マナーを確認しながらお読みいただければと思います。

椅子の真ん中に座る

お子さんに食事のマナーを教えるとなると、まず、お箸の持ち方やきれいな食べ方を思い浮かべるのではないでしょうか。

しかし、それ以前にとても大切なことがあります。それは姿勢を整えること。座り姿勢が崩れていては食事中の所作のすべてが揺らいでしまいます。

ですが、じつは、「姿勢」より先に気をつけていただきたいことがあるのです。それは「椅子の真ん中に座る」ということ。

私の作法教室でもいつも椅子の端っこに座ってしまう子が少なくありません。子どもに多いことなので、ついつい見逃してしまいがちですが、私は必ず座り直してもらっています。しかし、いつの間にかまた椅子から落ちそうなほど端にずれてしまうのです。きっと

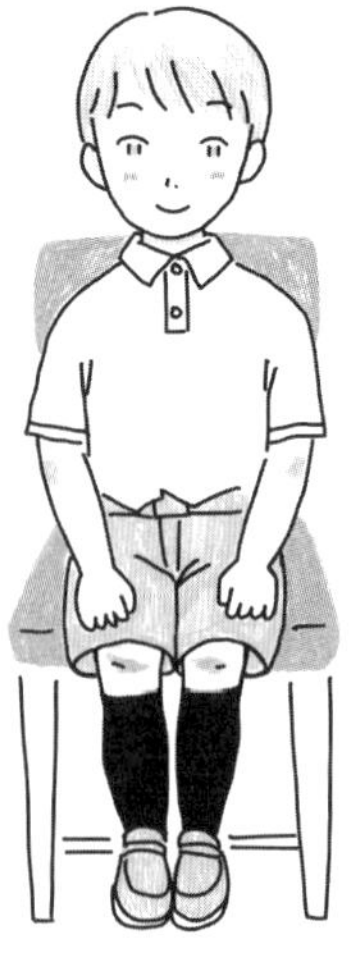

家での食事のときもそうなのでしょう。

「座ってくれているだけでいいわ」ではなく、「椅子は真ん中に座るもの」としっかり教えていきましょう。

背中をググッと伸ばす

椅子の中央に座れたら、今度は姿勢ですね。「お背中ピン！」と促すのもよいでしょう。ただ、「背筋をピンと伸ばすこと」を、後ろに反ることと勘違いしてしまう子も多いのです。そんなとき、「背を高ーくしてごらんなさい」と声をかけると子どもはよろこんで背中を伸ばしてくれます。

「あ、○○ちゃん背が高くなったね！」「あら、急にお兄さんになっちゃった」「お姉さんになったみたい！」と褒めてあげると、早く大きくなりたい子どもたちはさらにグッと伸ばしてくれるものです。

テーブルに胸をつけない

ご家族は意外と気がついていないのですが、机に寄りかかって胸をつけるポーズは、ほとんどのお子さんがやってしまうNG姿勢のひとつです。私の作法教室でも9割以上の生徒さんに注意をしているほどです。

大人の場合、寄りかかるときは決まって椅子の背に体重を預けますが、子どもは逆に、胸やおなかをテーブルの縁にペタッとつけて寄りかかるのです。これに気づかないでいると、いつまで経っても体幹が鍛えられませんか

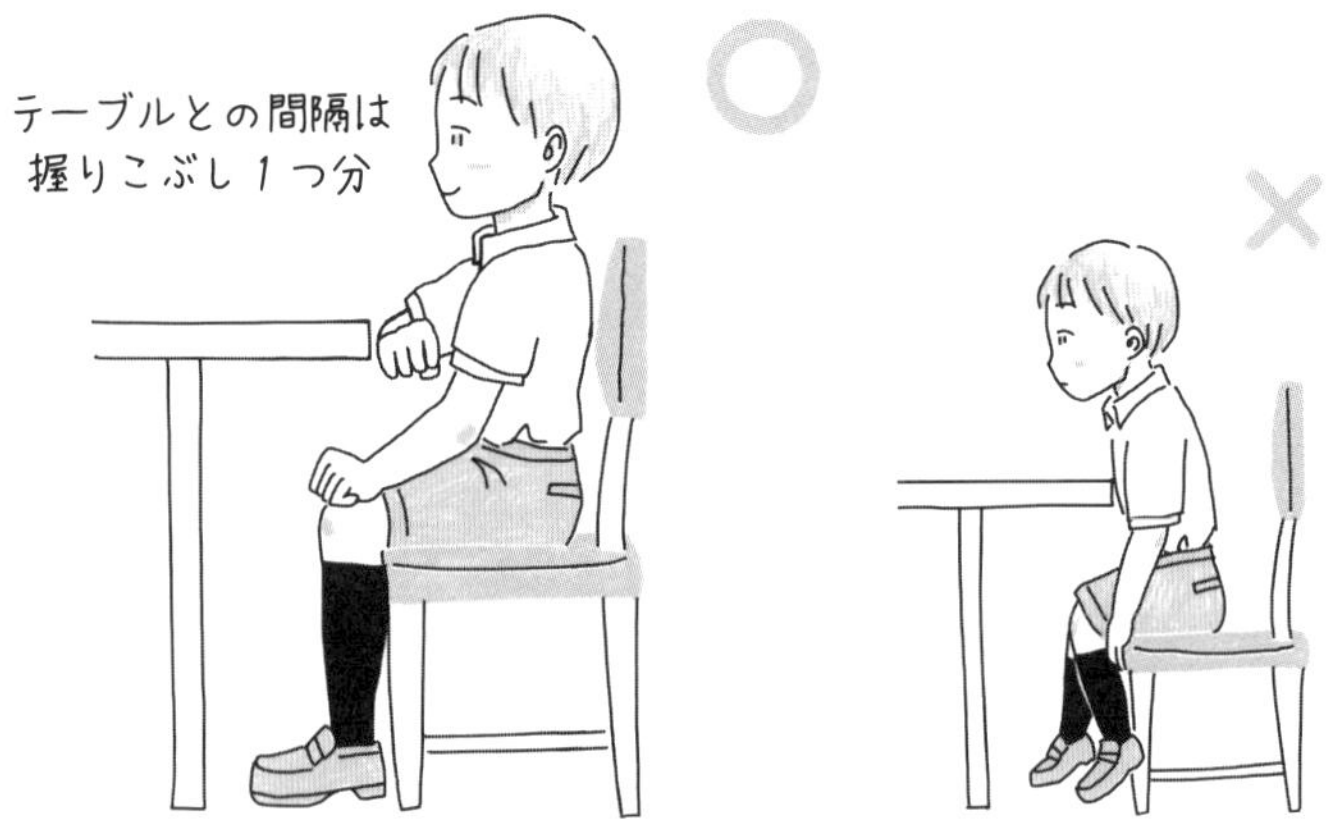

ら、正しく「気をつけ」もできない子になってしまいます。お子さんには、実際に手で「グー」をつくらせて、テーブルと自分の間に握りこぶし１つ分空ける」よう実際に確認させながら座らせましょう。

足をブラブラさせない

多くのお子さんが、テーブルの下で足をブラブラと揺らしているのではないでしょうか？　家での癖は、電車やお稽古の教室やレストランなど外でも、同じように出てしまうものです。食卓の下でハッキリ見えない状態であっても、その揺れやだらしなさはからだ全体に響きます。目にしたら必ず注意して、できるだけ早く直してください。

スマホやタブレットから離す

ＳＮＳやニュース、動画、ゲーム……。大人がごはん時にスマートフォンやタブレットを見てはいませんか。そんな環境で育ったら、何の悪気もなくあたりまえのように〝ながら食べ〟をする子になるでしょう。

食事は、「おいしいね」とお料理について話したり、一日の出来事を語り合ったり、お料理と家族の顔を見ながら食べる……、そんな時間となってほしいのもの。子どもの目がスマホやゲームの画面だけに向かっているなんて、じつに悲しいことです。今日からぜひ改めたいですね。

テレビは消して、音楽かラジオを

おのおのが一人で1つの画面に向かうスマホとは異なりますが、食事をしながら全員の視線がテレビの画面に向かっていて、ほとんどお料理や家族の顔を見ない、というのもじつに残念な光景です。実際、私の教室で幼稚園受験や小学校受験をめざしている方に伺うと、テレビはほとんどつけない、見ない、または家にテレビはない、というご家庭ばかりです。食事のときはテレビを消し、会話を楽しみ穏やかな音楽を流したり、ラジオを小さくかけたりなさってみてはいかがでしょうか。

立ち歩きを許さない

先にお話ししたように、椅子の端に座る子は片足が床についた状態になっていることが多いため立ち上がりやすく、食事の途中ですぐに席を立ってしまいがちです。椅子の真ん中に座らせると、端に座っていたときより当然立ち上がりにくくなります。それでも、飽きてしまうと椅子から滑り降り、おもちゃの所に行ったり、何をするでもなくただ歩き回ったり、親の側に行ったり……。このように落ち着きのない様子に困り果て、あきらめてしまったご家庭も少なくないでしょう。

立ち歩きを許してしまっていたご家庭では、まずは「食事中に立ち上がるのはいけないこと」と毅然と伝えることから始めてください。

徹底する。立つなら「ごちそうさま」

食事中に遊びたくなった子どもは、たいてい「もうおなかいっぱい」と言って椅子から降りようとします。

「本当におなかいっぱいなの？」「じゃあごちそうさましなさい」と、いったん食事を終了させても、また戻って来たり、しばらく経ってから「おなかすいたー」「アイスクリームたべたい」と言い出したりすることはありませんか？

ここで「ほらごらんなさい。これからはちゃんと食べ終わるまで立っちゃだめよ」と、また座らせる。これを毎回繰り返していては何カ月たっても一向に改善はしません。

何日かかかるかもしれませんが、一度「ごちそうさま」をして立ったらすべて片づけ、それ以降は絶対に食べられないんだ、ということを理解させるよう、親もブレずに頑張ってみてください！

「いただきます」「ごちそうさま」の意味を教える

買い物に一緒に行き食材を選び、お料理や、家族みんなのお箸を揃えるなど準備に参加してようやくいただく食事は、子どもにとってもうれしいもの。自然と、味わって食べたいという気持ちになるものです。機会があれば農家や生産者を訪ねたり、流通の話もしてあげられると、野菜や肉、魚の命の大切さやありがたさがより理解できるはず。それらすべてに感謝を込めて

「いただきます」「ごちそうさま」が丁寧に言えるよう導きたいものです。

ぜひ、日々の生活の中で、「みんなのおかげでおいしく食べられてうれしいね」「八百屋さんにも『ありがとう』って言おうね」などの声かけをしていきましょう。

お箸づかいの癖づけ。とにかく早めに！

テレビ番組や雑誌で、マナーのお話をさせていただいたりした際、とても大きな反響があるのがお箸の持ち方です。私のマナースクールでも、年齢を問わずお箸を上手に持てないことにコンプレックスのある方が大勢いらっしゃいます。

私は3歳のお子さんから大人まで、お箸の美しい持ち方や扱い方を指導していますが、やはり大人になるほど誤った持ち方を直すのに時間がかかります。ですから、お子さんにはぜひお早めに正しい持ち方を癖づけしてあげてほしいのです。大人になったとき、きっと感謝されることでしょう。

お箸以前に、えんぴつを正しく持たせる

これは、子どもも大人も共通して言えることです。お箸の持ち方に問題がある場合、そもそもえんぴつやペンをきちんと持てていないケースがほとんどなのです。

今すぐ、お近くのペンを持ってみてください。親指、人差し指、中指の３本の指で持つ。このとき、中指がペンの上側に乗ってしまっていませんか？　中指はペンのサイドに添えます。また、親指はきちんと指の腹でペンを支えているでしょうか。人差し指より上に飛び出していませんか？

じつは子どもに限った話ではなく、大人でもこのように誤った持ち方をする人が大変多いのです。ご自身もお子さんも、美しく、そして理にかなった持ち方をぜひ確認してみてくださいね。

では、続いてペンやえんぴつをお箸に替えて持って

みましょう。

まずえんぴつと同じようにお箸を1本だけ持ちます（下図A）。お料理を挟むとき、お箸を動かすのはこの1本のみです。この状態で上下に何度か動かしてみてください。これができたら、次に親指のつけ根の空間にもう1本のお箸を入れ込みます（下図B）。こちらのお箸は薬指のサイドで支えます。お箸が2本になっても、動かすのは先ほど練習した上のお箸1本だけです。これを先ほどと同じように、親指、人差し指、中指の3本で上下に動かし、下のお箸と箸先がカチカチと合わせられれば合格。お豆のような小さな

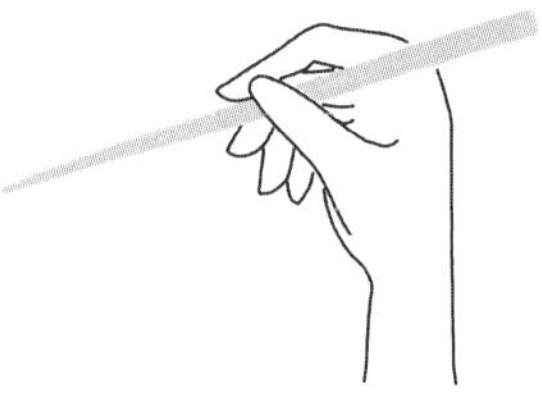
動かすのは
この1本のみ。
A

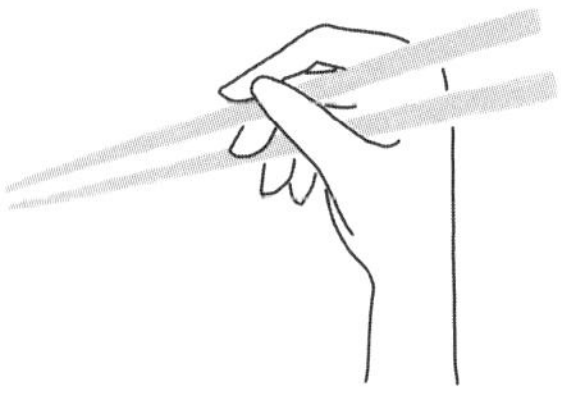
もう1本のお箸は
薬指のサイドで支えます。
B

食材も簡単に摘まめるようになるのです。

最初は柔らかく大きいものから始め、だんだん硬く小さなものへと、親子でゲーム感覚で実践するのがおすすめです！

「お箸の持ち方なんて自由」「正しい持ち方なんて誰が決めた」といった考え方もありますが、それはおひとりで召し上がるときだけのこと。お連れの方や同席する方がいらっしゃったら、その方々も心地よくお食事を愉《たの》しめ、相手に恥をかかせないよう自分の所作に気づかえることがマナーとしてとても重要なのです。

お箸の先はさわらない

子どもは、口をつける部分、つまり箸先をついつい手で握ってしまいます。お行儀ということだけでなく、衛生面から考えても好ましくありません。お箸でさわっていいのは、中央から上の部分だけ。お箸を取り上げるときや、2本の長さを揃えるときなどについさわりがちですので、注意深く見てあげてください。

子どもに多いNGな箸づかい4選

刺し箸

お箸はフォークではありません。お箸はお料理を摘まんで口に運ぶものと教えましょう。お箸で刺すとお料理が崩れてしまうこともあります。また、中に火が通っているか確認するようで失礼にもあたります。

刺し箸

迷い箸

いくつかのお料理の上でお箸を動かし「どれにしようか……」と迷う動作です。品や美しさに欠ける所作となります。

ねぶり箸

箸先を口に入れたままにすること姿は、小さな子どもや学生に多いＮＧな箸づかいです。食べていないときはお箸置きに置きましょう。

迷い箸

ねぶり箸

【振り箸】

お箸を持ったままジェスチャーをすることです。箸先が人に当たるなど危なく、とても乱暴に映る品のない所作です。

振り箸

はやすぎる子。遅い子

食事のペースは、子どもによって大きく差があります。大人よりずっとはやく食べてしまう子もいますし、毎回「はやくしなさい」と何度も促さなければならず、1時間以上かかる子もいます。マナーという点で考えると、食べるスピードは「相手に合わせる」ことが基本です。幼い子には難しいことですが、この基本的な考えを伝えてあげることで、子どもが成長したとき、自然に相手のペースを測りながら食べる習慣が身につくのです。

おしゃべりのタイミングを知る

お食事は家族揃って楽しくいただきたいもの。一日の出来事やお友だちの話など、たくさんしゃべってもらいたいものですね。ただし、食事中はタイミングによっては話すことがマナー違反となる場合もありますので、早めに教えてあげる必要があります。

あなたの周りの大人でも、口に入れたものを飲み込まないうちに話し出している方はいらっしゃいませんか？「子どもだから」と甘く考えていると、大人になっても、何の悪気もなく、周りの方にとって不快なマナー違反をしてしまいます。

まずは、「食べ物が口に入っている間は話さない」「飲み込んでから話す」ということを伝え、癖づけさせましょう。

食事の音に敏感にさせる

大人でも食事中に不快な音を発する人がいます。特に日本人は欧米人に比べ食事中の音には鈍感と言われていますので、まったく気にしない方が大変多いように思います。お蕎麦やおうどんをすすって食べる習慣があるゆえ、かもしれませんね。

和食の麺類はさて置き、スパゲティなどのロングパスタやお味噌汁、スープ、お茶を飲む際にもズズーと吸う音を立てていませんか？　噛むときに口が開いたまま、咀嚼《そしゃく》音が響いていませんか？　食器をガチャン！と乱暴に置いてはいませんか？「まあいいか」「子どもだから……」ではなく、幼い頃から音に敏感になれるよう、ひとつひとつの所作に注意していくことが大切です。

器は持つ、手を添える

和食は左手（利き手と逆）で小皿や取り皿、お茶碗を持っていただくのがマナーです。また、持ち上げられない大きさのお皿には手を軽く添えておきます。ですから、左手をテーブルの下に下ろして食べるのは当然マナー違反です。

テーブルに肘を触れさせない

学生やサラリーマンの方などが、テーブルに肘《ひじ》をつきながら食事する姿をよくみかけます。お行儀が悪いのはもちろんのこと、食事もおいしそうに食べているようには見えませんね。また、同席する方を不快にさせてしまう所作でもあります。テーブルの上に出していいのは、手首か、それよりやや上の部分まで。子どもだけでなく、私たち大人も気をつけたいマナーです。

犬食いをさせない

「犬食い」とは、置いたままの器に顔を近づけて食べることを言います。先に「背中をググッと伸ばす」の項（21ページ）でもお伝えしたように、背中が伸びていれば犬食いになりようがありませんので、食事はしっかり背筋を整えることからスタートさせる必要があります。食べ物を口に運ぶときは、背中を曲げたり、丸めたりするのではなくて、上半身を斜めに倒すことがポイントです。

犬食いという姿勢や所作は、親子でとても似ていることが多いものです。お子さんのためにもぜひ親自身が改めるよう、日々意識していきましょう。

三角食べを教える

まずは主菜のハンバーグ、その後にサラダなどと、一皿ずつ平らげ、最後に残った白いご飯が食べにくくなり、ふりかけをかけて味をつけて食べる。または、ごはんだけを先に食べてしまい、次にお肉やお魚、最後にお野菜をやっといただく……。この「ばっかり食べ」と呼ばれる食べ方ですと、どうしても嫌いなものや苦手なものが後回しになり、最終的に残してしまうことに繋がりますので、栄養面から考えても好ましくありません。また、このように単品ずつ食べていくことを繰り返していると、大人になってもその食べ方が心地よくなり、なかなか修正できなくなってしまいます。

もちろん、本人が好きなようにおいしく召し上がることも大切。しかしそれは大人になってから自身で考え、選んでいけばよいかと思います。子どもには、まずは、並んだお料理をバランスよく、少しずつ、まんべんなくいただく「三角食べ」を実践させてください。

基本はひと口大。かじりつかない

お料理はひと口大のものを口に運ぶのが基本です。お箸づかいが上手にできると、きれいに切ったり割ったりができてきますね。ゴボウ、レンコンなど硬い食材で割るのが難しいものは例外となりますが、お箸で割れるものは嚙みつく、かじりつくことなく、お皿の上でひと口サイズにしてから食べるようにしましょう。

なお、お箸は2本を片手に持って使うものです。切りづらい食材など、左右の手に1本ずつ持ち、それぞれをお料理に刺して割《さ》く、というお子さんがやりがちな所作は、当然マナー違反です。

食事中のお皿、きれいですか？

食事中のお皿は、一緒に食べている方からよく見えます。お皿いっぱいに食べ物を散らかしながら食べていると周りの人の目にも入ってしまい、決して気持ちのいいものではありませんね。また、そのように美しくない状態は、お料理を作ってくれた人に対して、そして、お料理や食材自体に対して失礼な行為でもあります。お料理はできるだけきれいに切る、お皿の上で散らばらないようにまとめながらいただくなど、お父さま、お母さまが見本となるようわかりやすく伝えていきましょう。

お米ひと粒の大切さを伝える

「お百姓さんが作ってくださったお米はひと粒も残さずに……」という考え方は親から子へと長く教え伝えられてきました。

どんなときでもひと粒残さず食べさせるのか、おなかがいっぱいだったら無理やり食べなくてもよいという考え方なのか、ぜひご両親の間で意見を一致させておいてください。

ただし、どちらの方針になさるとしても、お米ひと粒の大切さ、ありがたさは必ず子どもに伝えていきたいことです。これは、第8章「自然を感じる・愉しむ」の項（190ページ）でもお伝えいたします。

お魚は裏返さない

　和食テーブルマナー講座に参加された受講生の方たちも、個別レッスンを受けられた生徒さんも、苦手なお料理のトップに、骨付き、尾頭付きの焼き魚を挙げられます。確かに難易度は高めですね。しかし、食べる順序やコツを知ると、意外とすんなり召し上がれるものです。

　まず、お魚は決して裏返してはいけません。上身をいただき、中骨を外してから下の身に移る。この基本だけは覚えてもらい、ご両親がお手本を見せながらご一緒に食べ進めてみましょう。

好き嫌いの考え方あれこれ

私の作法教室でも、小さなお子さんの好き嫌いに頭を悩ませているお母さま方からよくご相談を受けます。お野菜すべて（本当に何もかも！）が食べられない子や、ピーマンとニンジンが嫌いな子（子どもにありがちですね）、トマトが苦手という子も少なくありませんし、魚がまったくダメな子も。

親としては栄養バランスを考えると何とも悩ましく心配なものです。毎日３食を作っている場合はじつに頭が痛いことでしょう。

私は、お子さんの好き嫌いに対して、ご家庭ごとにそれぞれの方針や考え方があってよいと思います。例えば、

・全部食べるまで「ごちそうさま」はさせずに、何時間でも根気よく付きあう。
・嫌いなものでもとにかくひと口だけは食べさせる。
・「大人でニンジンが食べられない人はいないから」と気長に考える。

・苦手な野菜など、気づかれないように細かく刻んでチャーハンや炒め物、スープに入れる。
・大人だって苦手や嫌いな食材はあるので、子どももその子の特徴としてとらえて気にしない。
……など。

栄養面の偏りを防ぐためには致し方ないかもしれませんが、細かく切ってごまかしながら食べさせる方法は、本人が「苦手なものを食べられた」という意識も克服感も達成感も持たないので、親がその後もずっと同じようににだましだまし食べさせるのを繰り返すことになるケースが多いのです。このようなメリットやデメリットも洗い出したうえで、各ご家庭で対策を話し合ってみてくださいね。

「ごちそうさま」のお皿もきれいですか？

食べている途中のお皿のお話はしましたが、食べ終わった後のお皿の状態はさらに大切です。魚の尾や骨、お野菜のヘタ、串や楊枝のように食べられないものなど、残ったものはお皿の隅にひとまとめにできると、見栄えが悪くなりません。そのお料理に携わってくださったすべての人たちや神様に「ごちそうさま」と告げるのにふさわしいお皿にしたいですね。

食後もお手伝い

「ごちそうさま」の後は、自分のお皿やお箸、カトラリー、コップを流しに運んでもらうようにしたいものです。年齢、月齢に応じて、お箸だけや小さい食器だけ……などとかんたんなもので一つから始め、徐々に増やしていきましょう。私の生徒さんでも、3、4歳のお子さんがご両親のすべての食器を流しまで運んで片づけているケースもあります。できる範囲でいいので、家族の一員として家事に参加させましょう。

割れる器を使う

「子どもだから」「ぜったいに落として割っちゃうし……」とプラスチックや割れにくい子ども用の食器を与えていませんか？　そのお気持ちは十分わかります。しかし、「落としたら割れてしまう」「割れたものは元どおりには戻らない」「形あるものは壊れる」と教えてあげるのも親の役割です。「割れたら困るから」と、割れにくい食器を使うのではなく、「割れてしまわないように大事に扱う」ことが大切だということをしっかり伝えてあげてください。

本物の食を教える

ファストフード、インスタント食品、ジャンクフード、デパ地下のお惣菜、コンビニのお弁当などは、手頃であり、忙しい親の味方。子どもの舌においしく感じられる食品がいたるところにあふれています。もちろん、時間に追われるお父さま、お母さまのご苦労がしのばれるので、すべてを否定するわけではありませんが、頻度が高くなるにつれ、お子さんにとっての「家庭の味」は遠のいてしまうでしょう。もちろん、健やかに育ってほしいという点で疑問を感じる方も少なくないかと思います。

私の教室の生徒さんの中には、親子で一緒にキッチンに立ち、削り節からお出汁《だし》を取る、毎日欠かさずぬか床を混ぜる、また、おばあさまから代々伝わっているその家の伝統料理を受け継いでいるなど、食というものを大切に考えている方が大勢いらっしゃいます。

「とてもそこまでは……」という方も、出来合いのものだけに頼らずに時間のあるときには、お子さんがジャガイモやニンジンを洗って切るところからカレーやスープを作ったり、卵を割るところからオムライスを作ったりするなど、下ごしらえから一緒に手がけてみましょう。食材ひとつひとつのありがたさや、お料理が完成するまでには手間がかかるということを理解させるための時間を使うことも子どもの食育には大切ですね。

味つけは薄くして素材の味を覚える

濃いめの味つけや、ソース、マヨネーズなどをたっぷりかけたお料理に慣れてしまうと、真の素材の味や旨みを感じられないまま育ってしまいます。繊細な味を愉しめる舌が育つよう、子どもの頃は薄味に慣れさせておくことが好ましいと考えます。最低限の味つけしかしない離乳食を考えても、幼い子どもの舌は特に濃い味やたっぷりの調味料は必要ないかもしれませんね。

これはグルメにさせるということではありません。甘み、辛み、苦み、酸味、えぐみ、ある種の臭みなど本当の素材の味や風味、それぞれのおいしさがわかると食の愉しみが増え、人生がより豊かになるからです。

旬の味を愉しむ

つくし、筍《たけのこ》、鮎《あゆ》、秋刀魚《さんま》、キノコ、カボチャ、レンコンなど、移り変わる四季の中で私たちはその季節ごとの旬の食材をいただきたくなり、逆に、旬の食材を見て食べてその季節を知る……。年間を通して手に入る食材の種類が多くなっている昨今ですが、やはり四季のある国に暮らす者として、親として、この素晴らしい〝旬〟という恵みを子どもたちに伝え、家族一緒に食の時間を味わい愉しみたいものです。

「いただきます」の前にお手伝い

卵を割る、キュウリやトマトを切るなど「わたしもやりた〜い」「ボクもやるー」とごはんのお手伝いを喜んでするお子さんも多いことでしょう。私の作法教室の生徒さんたちにも、自分のフォークやスプーンを食卓に用意したり、家族全員分のお箸置きとお箸を揃えたり、お皿を運んだりしている子が大勢います。

「本物の食」の項（46ページ）でも触れたようにごはんの支度のお手伝いは、元の食材の形をはじめ、皮を剥いたり種を取り除いたりなどの手間がかかることも知ることができます。親の大変さとそれに対する感謝の思いを持つこと、そして、食卓に並んだお料理をありがたくいただくことにも繋がります。

ごはんのお手伝いの前に、お買い物

自宅のキッチンに食材が届くまでの経路や働く人のご苦労も、子どもにしっかりと伝えたいですね。スーパーや「八百屋さん」「お魚屋さん」「お肉屋さん」で並んでいる食材や、そこで働いている人たちの様子を見ることも大切です。もちろん季節により入れ替わっていく果物や野菜、魚などの種類も理解していけるので、幼い頃から旬を知り愉しむこともできるようになります。

普段、ネット購入や宅配などを利用されているご家庭も、時間に余裕があるときはいろいろなお店にお子さんを連れて行き、食に関するお話をたくさんしてあげたいですね。

お店に並ぶまでの流れを教える

野菜や果物などは、種まきからお店に並ぶまでの流れと、それぞれに関わる方たちの仕事についても教えておかなければなりません。もちろん農家や市場の様子を実際に見せてあげられると子どもにもわかりやすいのですが、それがかなわなければ、絵本や図鑑などを見ながら、自分の住む地域ではどのような流通経路で食物が動いていくのか説明してあげましょう。

私の作法教室の生徒さんのほとんどは、お庭で家庭菜園に取り組んだり、ベランダでミニトマトなどを育てたりする体験をしています。種まきのときから毎朝の水やりは子どもたちの日課として責任を持たせて任せていらっしゃいます。また、貸し農園でさまざまな野菜のお世話をさせているご家庭も少なくありません。このように、子ども自身が育てた食物は、収穫するうれしさ、喜びも大きく、好き嫌いを遠ざけることも期待できるようです。

レストランは帰るときまで座る

家でのお食事中の立ち歩きについては先にお伝えしましたが、レストランでは周囲の方々も心地よくお食事の時間を愉しめるよう、親として細心の注意を払う必要があります。隣のテーブルに近寄った際、「あら、かわいいわね。いくつ?」など好意的に笑って話しかけてくださる方も多いのですが、それ以外の感情を持つ方もいらっしゃることを忘れないようにしたいもの。

ビジネスの商談や真剣なご相談、話し合いなどで訪れている方もいれば、もしかすると別れ話をしているカップルがいないとも限りません。また、立ち歩くことによって、サービスマンにぶつかり、運んでいた熱いお料理がこぼれたりお皿を落としたり……という危険性も考えなくてはなりません。

家でも外でも、食事の場面ではまず座る。これを徹底させてください。「ごちそうさま」を言った後ももちろんです。お店を出るときまでです！

お皿を重ねてよいお店か考える

みなさんの家では、食後の片づけのとき、お皿は重ねてもＯＫとしていますか？　盛っていたお料理の種類や、手洗いするのか食洗機を使うのかも含め、さまざまなお考えがあるかと思います。

これはレストランでも然《しか》り。器を重ねてもいいお店なのか、お皿の底面に汚れがついてしまうのを嫌うお店なのか、レストランによりそれぞれのやり方があります。また、お客さんの立場として片づけを手伝うのはふさわしくない格式あるお店もあります。

　もちろん、よそのお宅でも同様のことが言えます。自分の家以外のお食事の場面では、その都度「おうちではこうするけど、ここではこうしてね」とお子さんに教えてあげるようにしてください。


　このように、マナーはひとつとは限りません。場所や相手によって変わることも多々あります。このことを幼い頃から身につけさせてあげると、どんなお店、どのような状況でも柔軟に対応できる大人になります。

　マナーとは場所や相手によって変化するものです。

食べ放題、ビュッフェは山盛りにしない

ズラーッと並んだおいしそうなお料理を前に、ビュッフェは子どもだけでなく大人だってワクワクしますね。そこでやりがちなのが、お皿いっぱいに、しかも山のように盛ってしまうこと。もちろんビュッフェ形式とは、「好きなものを好きなだけ」が基本です。しかし、６種類も７種類ものお料理を見栄えも関係なく、乗せられるだけ乗せたお皿は、果たして上品で美しいでしょうか？　せっかく、おいしそうにきれいに並べてくださった作り手は喜んでくれるでしょうか？

美しく品よくディスプレイされたお料理の数々は、自分のお皿の上でもできるだけきれいに盛りつけ、目でもおいしくいただくことを教えたいですね。

ぜひ、「きれいに乗せてあげると、お料理もコックさんもうれしいね」と話してあげてください。

食べ放題、ビュッフェは残さない

あれもこれも欲しくなって取り過ぎたお料理を平気で残してしまう……。これは子どもに限った話ではなく大人でも見かけます。これでは、せっかく家で「残さず食べましょう」と導いているご家庭での食育が水の泡となってしまいます。

食材やお料理への感謝や敬意を子どもにどう伝えていくかを考えましょう。そして、ビュッフェ形式のお店に行く前には、「どうしたらお料理やコックさんはうれしいと思う？」と問いかけ、お子さんと一緒に意見を出し合ってみてはいかがでしょうか？

なお、ビュッフェのお料理は何度取りに行ってもよいので、「少しずつ取りましょうね」と教えてあげてくださいね。

立ったまま食べていいもの、悪いもの

クレープをはじめ、アイスクリーム類や串に刺したお料理、タピオカ等々、昨今では立ち食い向けの食べ物、飲み物を扱うお店、場所が増えているように思います。みなさんのご家庭ではどの範囲で「立ち食い」を認めていらっしゃいますか？

・お祭りのときは特別に許しているけれど、普段はさせない。
・他の人の服を汚してしまったり、道にこぼしてしまう恐れがあるので、させない。
・周囲に迷惑をかけないよう、親がしっかり見ているのでＯＫとしている。

など、ご両親のお考えによってさまざまかと思いますが、今、何気なくしていることは中学生高校生になっても当然のように行ってしまうことが想像できます。もしかすると成人してからも変わらないかもしれません。ぜひそこまで長いスタンスで考え、幼い今の時期に守らせるべきルールを決めてみてください。

食べていい場所、悪い場所

機嫌の悪いとき、飽きたとき、泣いたときなど、子どもには何かおやつなど食べ物を与えて静かにさせたくなるものですね。しかし、幼稚園に通うくらいのある程度の年齢になったら、こういったごまかしではなくしっかり説明して納得させていかなければなりません。

電車やバス、タクシーの中、駅のホームのベンチ、道端……、中学生や高校生など、やはりお子さんがある程度大きくなってからも同じように食べている姿を想像してみてください。そのときに「食べてほしくない」場所だとしたら、「食べ物の匂いが迷惑になる」「ここは食べる場所ではないから、みんなが気持ちよく思わない」など具体的に説明して我慢することを覚えてもらいましょう。

また、外での飲食は食べ終わった後のゴミの問題も出てきます。こちらについては第5章でもお話させていただきます。

コラム

「育ち」はいつでも変えられる

横浜の名門小学校などいくつかの私立学校では、入学試験の際にお弁当とコップ持参で、食べ方飲み方や食事のマナーも考査に含まれることがよく知られています。食前食後のあいさつや食事中のお行儀はもちろんのこと、お箸の持ち方と扱い方、さらには、「ごちそうさま」の後のランチョンマットのたたみ方や、お弁当袋へのお弁当箱とコップのしまい方など……。普段幼稚園で行っているあらゆるふるまいやマナーが見られ、合否を決定する大切な要素となります。「食べ物が口に入っているときにおしゃべりをしていないか」などもチェックされていることでしょう。

食事のマナーや食べ方からはお子さんの、また、幼ければ幼いほど、ご家庭でのしつけ教育方針、育てている親の人となりも明らかになります。言い換えれば「育ち」を決定する重要な要素だということ。だからこそ、「おうちでのごはん」がとても大切な時間となるのです。

本書で私がまっ先に「食べ方・食事のマナー」をお伝えすべき、と考えた理由がおわかりいただけましたでしょうか。

幼い時期に自然と身についた食事のマナーや所作は、今後、お子さんが成長し大人になってからも忘れることはありません。いつの日かきっとお父さまやお母さまに感謝の思いを持つことでしょう。

さて、もし、本書をお読みくださっているお父さま、お母さまご自身が食事のマナーにご不安をお持ちの場合は……？

大丈夫です！　私はいつもみなさんに「育ちは変えられる」とお伝えしています。大人であっても、今、見直し実践すれば何の問題もありませんので安心してください。本書を参考に、ぜひお子さんとご一緒に取り組んでみてくださいね。

言って聞かせるだけでなく、親が一緒に取り組んでくれるほうが子どもにはうれしいものです。そしてそれは私の喜びでもあります。

第2章

所作・ふるまい

見た目からにじみ出る「品」と「育ち」

私が「大人のマナースクール」で男女問わずお伝えしていること。そして、子ども向け「作法教室」でも２歳以上のお子さんたちに指導するときの基本コンセプト。それは、「まず『形』から入る」ということです。

あらゆる武道や、舞踊やバレエ、書道、絵画、水泳などのお稽古事では、ほとんどが先生をまねながら、見本を見ながら、「形」を覚えていくことが基本となります。あいさつやお辞儀、話を聞くときの態度や丁寧な所作なども同様です。

「形」という基本がしっかりできれば、それに伴い自然と「心」もついてきます。また、その「形」をベースに、状況に応じたマイナーチェンジや、自分で考え工夫した応用を試みることも容易にできるのです。

それでは、まずお子さんの立ち姿勢から整えていきましょう！これは大人向けのレッスンでご指導している順序と同じです。姿勢がしっかり美しく整えられないと、その次の段階のお辞儀も、座ったときの姿勢も、そして歩き方などすべてに必ず響いてしまいます。姿勢はすべてのふるまい、所作のベースになるのです。

きれいに立つ① グラグラ揺れない

私が2歳～6歳までの多くのお子さんをご指導している経験から言えることがあります。それは、からだが揺れずに立っていられる子はじつのところ、ほんのわずかということです。

「きをつけ」をしなければならない場面でも、半径1メートルほどの範囲でまるで歩き回るように動いたり、全身をグニャグニャさせたり、エスカレートするとバランスが取れなくなって床に手をついてしまったり転んだり、また、それほどひどくなくてもユラユラと揺れてしまい落ち着きがない印象を与えてしまう……。このように、ピタッと止まっていることができない。残念ながらそんな子がほとんどです。

まずは足を一歩も動かさない練習から始めてみましょう。ピッと立ったところで数をカウントさせると効果があります。

10秒数えられたらほとんどのお子さんに自信がつきますので、その後は「こんどは20びょうにちょうせんする！」「きょうは１００びょうできるよ！」とどんどん調子づいて、やる気が出てくるケースがたくさん見られますよ。

きれいに立つ② 壁にさわらせない

①でも触れたように、グラグラ揺れながら、また、逆にグラつくことなく立てたとしても、近くに壁があると必ず寄りかかる子どもも大勢います。これは、よく大人がするように背中をつけて寄りかかるだけでなく、横の壁に肩をつけたりもします。

また、子どもの特徴として、とにかく手で壁をさわります。これは、特に体重を壁に預けて楽をしようという意図はなく、ただただ手先で壁をさわるという感じです。じつはこのようなお子さんは、立っているときだけでなく

座っているときにも、意味もなくテーブルを両手でなでるようなこともしています。何かに触れていないと落ち着かないのでしょう。
まずは「近くのものをさわらない！」と教えていくことが大切です。

きれいに立つ③ スカート、ズボンをさわらない

自分の服を引っぱったりつまんだりするのは、おもに恥ずかしいとき、緊張したときに多いしぐさです。作法教室でも私を前に、お母さまやお父さまを前に、お絵かきなど作品の発表をしてもらっていますが、最初の頃はお洋服をさわる、持ち上げるなどのふるまいが目立ちます。レッスンを始めるときや最後のごあいさつのときにも恥ずかしがり屋さんがしがちな癖です。

そんなとき、「シャツをいじらない！」「スカートを持ち上げないで」とダメ出しするのではなく、「手はお

ズボンの横にくっつけて」など、手を置くべき場所を具体的に伝えてあげたほうが幼いお子さんにはわかりやすく、改善も早くなりますよ。

きれいに立つ④　靴をピッタリくっつける

さて、グラグラ揺れずに、そして一歩も動かずに「きをつけ」ができて、さらに背筋もピッと伸び、手もからだの横につけられたとしても、子どもの場合、足も細かく見ていかなければなりません。

足をクロスして立つ子がよくいます。また、大人からすると不思議なのですが、靴底の全面を床にしっかりつけずに、靴の外側のエッジ部分だけで立つという何とも奇妙な立ち方をする子もじつは少なくないのです。

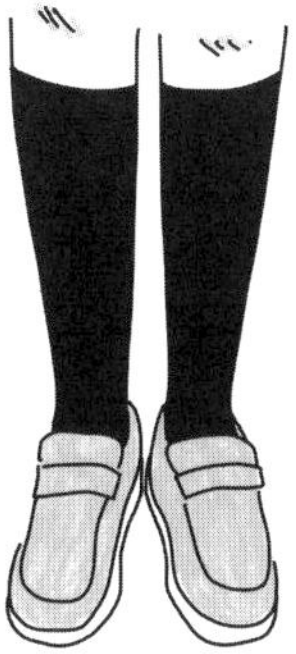

この場合も、「ちゃんと立って！」「足をまっすぐしなさい」と言いがちですね。しかし、「まっすぐ」とか「ちゃんと」「揃えて」という言葉は、大人が考える以上に子どもにはあいまいで難しいことなのです。ですから、「お靴をピッタリくっつけてごらん」と教えてあげるのです。不思議なほどすんなり立てるようになりますよ。

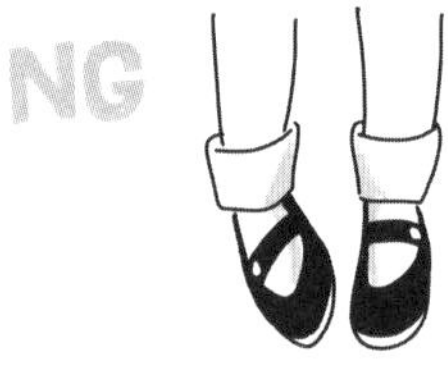

❀❀❀ きれいに立つ⑤ つま先を相手に向ける

まっすぐに靴を揃えた足のつま先はどこに向いているでしょうか？ これも親が「ほら、まっすぐ立ちなさい」と口で言ってもお子さんにはなかなか通じないもの。「お靴の先っぽ見てごらん」と、自分の靴へいったん視線を落とさせ、自分の目で確かめ納得させてあげることが大切です。

そして次に「相手に向ける」ことを教えます。

「足を前に向けなさい」と急《せ》かすのではなく、子ども自身が自分の靴を見て「あ、あっちのほうむいてた」とわかるまでのほんの何秒かの時間を、お父さまやお母さまが余裕をもって待ち、しっかり具体的に伝えてあげることが、正しい「形」を覚える早道となります。

お靴の先っぽ見てごらん
おへそは
どっち向いてる？
足を前に向けてね

きれいに立つ⑥ おへそを前に向ける

子どもの「きをつけ」には、ほかにも注意するポイントがあります。なかなか一筋縄ではいきませんね。

さて、「お背中ピン！」として、壁にも指1本触れず、服もいじったりせず、靴がキッチリ揃っていて、なおかつ、つま先もちゃんと相手に向いている……。ところが、上半身が相手に対して斜めに傾いて立っている子も少なくありません。軸がずれてしまうのですね。子どもは、ただまっすぐ立つというだけでも大変なものです。

「おへそはどこ～？　○○くんのおへそどっち向いてる？」と問いかけ、やはり子ども自身が自分のおへその位置と向きを理解してから、「おへそを相手に向ける」よう促しましょう。これでやっと、つま先からからだがまっすぐ正面を向けるようになりました！

子どもだって美しいウォーキング

「先生、うちの子の歩き方も見ていただけますか？」とお母さまからリクエストされることがあります。「靴を引きずって歩くんです」とのこと。

もちろん、ここまでにお伝えした「正しい立ち姿勢」が整ってからでないと、当然美しい歩き方はできません。まずはそちらから確認していきましょう。

次に、きちんとかかとから着地することを教えます。足を引きずる子には、行進のように「いち、に、いち、に……」と膝を持ち上げて歩くことから始めてみてもいいでしょう。

このように足を引きずって歩く癖は、私が企業研修を担当した際、特に男性に多く見られますが女性向けのふるまい講座でもたまに見受けられます。この歩き方は、だらしなく、疲れた印象を与えますので、ビジネスや婚活の場面でも差し支えますし、第一、見栄えが悪いですね。大人になってから改善するのには時間がかかります。幼いうちにできるだけ急いで直してあげてください。

あいさつはアイコンタクトから

目の前に私がいるのに、遠くのほうを見ながら、または横目で何かを見ながら「こんにちは」「ありがとうございました」「さようなら」と言う……。私の教室に通い始めて間もない頃の生徒さんによく見られる姿です。

じつは、お子さんがどこを見てあいさつしているかは、親はあまり認識できないものなのです。なぜなら、普段、お父さま、お母さまはお子さんの隣に立って、ご近所の方やお稽古の先生などにあいさつをするため、お子さんの視線の先が見えにくいからです。

ぜひ、家で「おはようございます」「おやすみなさい」「ありがとう」「いってきます」「いってらっしゃい」「おかえりなさい」「ただいま」といった家族同士のあいさつを丁寧に行い、その際にお子さんがしっかりとアイコンタクトが取れているか確認するようにしてください。

お辞儀のとき靴を見ない

お辞儀をするたびによろけるお子さんがいます。時にはよろけた勢いで尻もちをついてしまう子も！　これは頭を下げたときにからだが曲がりすぎ、そして頭も下がりすぎてしまい、バランスが取れなくなるからなのです。

お辞儀をしたとき、お子さんは自分の靴が間近に見えるほど上半身が曲がっていませんか？　さらにひどい子は、自分の膝が見えるほど折れ曲がり頭頂部が真下を向いてしまいます。そうすると当然からだがブレるうえ、頭が逆さまになっているので、まるで逆立ちをしたかのように目が回り、バランスが取れず前につんのめったり転んだりしてしまうのです。

それだけではなく、その状態から勢いよく頭を上げて戻すと、今度はその反動で後ろや横にグラついて転ぶこともあり、とても危なく感じています。

「お靴を見てお辞儀しなさい」と教えているお父さま、お母さまや、幼児教室の先生もいらっしゃるのですが、これは危険ですし、決して美しいお辞儀とは言えません。

お辞儀は深くなくてもいい

お辞儀は深ければ深いほどよいというものではなく、ある程度（子どもには30～40度ほどを推奨します）の角度でゆっくり丁寧に行うことが大切、と私は考えます。深いお辞儀をしても、勢いよくパッ！　と戻すようなお辞儀は、決して心がこもっているようには見えず、逆に雑な印象を与えてしまいます。

座っても足は揃える

正しい立ち姿勢の誘導の仕方と同じです。足を揃えさせたいとき、そのまま「足を揃えなさい」と言うのではなく、「お膝をつけて」「お靴をつけて」と、するべきことをできるだけ具体的に伝えてあげましょう。そちらのほうが断然早く改善します。

座ったら足をブラブラさせない

足をブラブラさせてしまうことについては、第1章（23ページ）の食事の場面でもお伝えしましたが、ちょっとでも高めの椅子に座るとすぐに足を前後に動かしてしまう子は少なくありません。

これを公共の場所、例えば電車やバス、ベンチ、映画館、観劇会場などでしてしまうと、座っている椅子自体も揺れてお隣の方や同じ椅子に座っている人たちにも響き、ご迷惑となります。「子どもだから」と見逃さず、特に外では親が敏感に気づき注意するようにしてください。

手はお膝？

これまでお父さまやお母さま、お子さんも、幼稚園や学校の先生から、もちろん親からも、座ったときは「手はお膝《ひざ》」と指導されてきましたよね。でも本当に両手を両膝につけたらどうなるでしょう？　前傾、前かがみになり、腕で体重を支えるようになってしまいます。これはとてもよい姿勢とは言えません。じつのところ正解は「手は腿《もも》」となります。

話を聞くときは顔・目を見る

「お話ししてる人の顔を見なさい」「目を見なさい」とはほとんどの方が口にしたことがあるでしょう。まっすぐに相手を見て話を聞ける子は、素直さ、真面目さが表れ、印象も格段にアップします。また、話の理解度も高まります。

反対に、目が泳いでしまう子、まったく別のものをじーっと見てしまう子は、相手に与える印象が残念なことはもちろん、やはり話の内容も理解できていないケースがほとんどなのです。相手の目を見ることは、コミュニケーションの基本になりますので、しっかりと教えたい作法です。

その前に…いったん心を整える

遊んでいるときや何かに熱中しているとき、また、興奮しているときには、目線はもちろんのこと、気持ちもなかなかこちらを向いてくれません。

そんなとき、「聞いてるの?! ママのほうを向きなさい」「わかった? もう一度言うよ」と何度も何度も繰り返し言い聞かせているといった覚えはありませんか? このようなことを繰り返していても、結局のところたくさんの時間がかかってしまいますし、言い聞かせるほうのストレスも増えてしまうかもしれません。

そこで私がおすすめするのは、まず「いったん心を整える」ということです。

遊びたくてしょうがない子どもの腕をつかんで、また、怒ったり泣いたりしている子どもを力づくでこちらを向かせて「ちゃんと聞きなさい」と繰り返しても、子どもはなかなか切り替えができません。

ですから、本題に入る前にまず子どもをいったん落ち着かせることが必要です。

ほんの10秒〜20秒でいいのです。フッと「表情が変わったな」と感じるまで待ってあげましょう。ちょっと座らせたり抱っこをしてあげたりしてもいいですね。心が整った後は、意外とすんなり言葉が入っていくものです。このほうがお子さんにキッチリ伝わりますし、また、かえって親の時間とストレスが軽減されることにも繋がります。

立ったら椅子は戻す

お教室で、ほんの少し立ってすぐに戻って座る場面であっても、きちんと丁寧に椅子を戻してくれるお子さんがいます。そういったふるまいを見ていると、ご両親が大切にしているお考えや、家庭での教育が本当によく伝わってきます。きっと、ご両親自身も日々あたりまえになさっている所作なのでしょう。

逆に、親子三人でいらしてもお帰りになった後、すべての椅子が出したまま……という残念なご家族もいらっしゃいます。

また、椅子をしまわずに出口に向かったお子さんに、「ほら、〇〇ちゃん、お椅子戻して！」と連れ戻し、「ママも手伝ってあげるから。さ、よいしょっ」とお子さんの椅子をおふたりで戻してくださることもあるのですが、その際になんと、お母さまご自身の椅子が出しっぱなしのまま帰られてしまうことも！

このように、普段の真の姿が垣間見えてしまうふるまいは、意外と少なくないのですよ。

椅子を戻すといった何気ない所作は「習慣」のひと言に尽きますので、ご両親が鑑となって励行なさるしかないのです！

脱いだ靴は揃える

「おなかすいたー！　なにかたべたーい」「はやくおもちゃであそびたーい！」「つかれたー」

子どもですから、靴を揃えるどころか脱ぎ散らかして家に上がることもあるでしょう。玄関での作法を教えていなければ、何ら不思議ではない行動です。

靴の片づけは椅子を戻すことと同様の生活習慣となります。外出先だけでなくご自宅であっても、お父さま、お母さまご自身が脱いだ靴をクルッと回し揃えて置いていますか？　そしてそれをお子さんにも守らせていますか？　繰り返しお伝えしますが、子どものふるまいは親のふるまいそのままを映す「鏡」なのです。

そしてもうひとつ。履くときのことも必ず一緒に教えてあげてください。脱ぎ散らかしたり、揃っていても逆さまに向いたりしていると、とても履きにくく時間もかかってしまいます。実際にお子さんにそれを経験させ、「ちゃんと揃えておくとすぐに履けるね」と教えてあげてください。

「なぜそうするのか」という理由を知ることにより、幼いながら納得して取り組めます。

咳、くしゃみ、あくびは手を当てる

大人でもこれら基本のマナーができていない方がいます。本人にとってはほんの短い一瞬で「まあいいや」と考えているのかもしれません。しかし、そばにいる方にとってはとても不快なことであり、昨今は特に心配、不安に感じる方も少なくないでしょ

う。

また、あくびについては「つまらなそう」という印象を与え、ご一緒している方に対してとても失礼な行為にあたります。何より相手をガッカリさせ、悲しい気持ちにさせてしまい、失礼なことと教えましょう。

相手に向けてから渡す

作法教室の授業で、使った本やカードが入っている箱などを講師に渡してもらうときや返してもらうとき、ものの持ち方と向きもお作法として必ず教えています。

小さいお子さんにとって、この「向き」が難しいのです。いきなり「先生のほうに向けて」と言うより、動物やくだものなどが描いてあれば「今、きりんさんが○○くんのこと見てるね」「おりんごが○○ちゃんのほうに向いてるね」と、まず自分側に向けるようにして、その意味をわからせます。そして次の段階で、目の前にいる相手に向けるには「クルクルッて回してごらんなさい」と180度回転させてもらいます。このちょうどの角度で止めることもお子さんがマスターするには回数が必要です。

親子でも、貸し借りの際や、ごっこ遊びのときに、「どうぞ」「ありがとうございます」、借りたものをお返しするときも「ありがとうございました」「どういたしまして」などと、ロールプレイングで楽しみながら身につけさせるようにしてみましょう。

両手で渡す

大きいもの、重いものは子どもも自然に両手で持つことになりますが、小さくて軽いものだと、片手でサッと持って「はい、どうぞ！」と渡しがちになります。しかし、クレヨン1本であってもきちんと両手で、もしくは、もう片方の手を添えて相手に渡す所作をぜひ癖づけしていきたいものです。

ところで……。お子さんにこれを教えるべきお父さま、お母さまご自身も、習慣として行うことができていますか？　ご家族同士でふだん何気なく行っている、ものの

今、きりんさんが
○○くんのこと
見てるね

クルクルって
回してごらんなさい
180度回転！

受け渡しの場面を思い浮かべてみてください。例えば新聞、本、リモコンなどを渡す際、ちゃんと両手で差し出しているでしょうか？

これを機に、親自身も普段のふるまいをしっかり見直していきたいですね。

包装紙はやぶかない

これは日本人特有の美しい心づかいと所作でしょう。海外でよく見られるように「待ちきれない！」とビリビリ包み紙をはがす姿も、贈り物をいただいたうれしさを表現するものであり、私は悪いとは思いません。しかし、リボンを丁寧にほどく、セロハンテープも丁寧にはがす、包装紙はやぶかないよう注意深く開く、さらに、中身を見た後は元どおりになるようにきれいに包み直し、リボンもきちんと結ぶ……。このように頂いたものの包みまでをも大切に扱い、相手に感謝と敬意を示す丁寧な日本の所作は、ぜひ子どもたちに引き継いでいただきたいと願います。

人を指でささない

悪気のない子どもたちは、公園でも電車でも街でも「あの子がね」「ねえねえ、あの人さぁ……」と子どもにも大人にも平気で指さしをしてしまいますね。幼い子とはいえ、さされた本人はとても不快であり、「私、何かおかしいかしら……」と不安な気持ちになるものです。お子さんにはこのことをしっかり伝えてください。

近くにいる人について話をする、説明するときは、その人を指し示さずに口頭だけで説明するように教えましょう。

また、ご一緒にいるお友だちや知り合いの方の場合であっても、相手を示すときの指さしはマナー違反です。指でさすのではなく5本の指を揃えた手のひら全体で示します。

幼い子どもが手差しをするのは違和感があるかもしれませんが、まずは「人を指さすのは失礼なこと」から教えてあげてください。

親指を上にして持つ

みなさんは気づいたことがあるでしょうか？　小さな子がものを持つときや渡すとき、おもしろいことに親指が下側にきて、残り4本の指が上に置かれていることが多いのです。

生徒さんが折紙や箱などを渡してくれるときや、ハサミで紙を切る作業をしているときにもよく見かけます。私はその度に「親指が上よ〜」と必ず伝えています。「何か持ち方がおぼつかなくおかしいけど、ま、子どもだからしょうがないわね……」と見逃さないであげてください。

親指を上にして持ち替えてもらうと、数段持ちやすくなるので上手にものを扱えるようになります。もちろん、作業もはかどりハサミで上手に切れることにも繋がります。

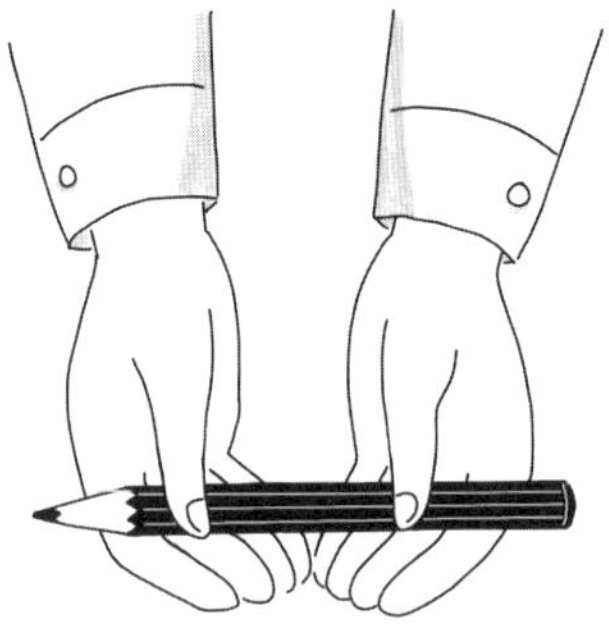

文字は書き順を守る

　幼稚園の年中さんでも本当にきれいな文字を書く生徒さんがいます。「まあ！」と、私も見入ってしまうことも。逆に、小学校４年生でも日本語に見えない不思議な字を書く子もいます。

　そこで、私がお教室で多くの子どもたちが文字を書く姿を見てきてわかったことをお話しします。

　上手な字を書くためには、「丁寧に書く」ということはみなさんもちろんおわかりでしょう。下手であっても心を込めて丁寧に書かれたお手紙やお礼状は、相手の方に気持ちがちゃんと伝わりますね。

　もうひとつ、実際にきれいな字を書いている生徒さんを見て感じたこと。それは「書き順が正しい子は字が上手」ということです。やはり文字のバランスが取りやすく理にかなっているからなのでしょう。「えっ、そんな所から書き始めるの?!」という子にはなかなか難しいことなのです。

ひらがな、漢字ともに、書き順は大人でも正しくない方が少なくありませんね。お子さんと一緒に見直してみてはいかがでしょうか？

ドアが閉まるまで動かない

お父さまやお母さまが仕事に出かけるときの「いってらっしゃーい」の後や、お客様をお見送りするときの「さようなら」の後……。ごあいさつの言葉を言った途端、クルッと向きを変え立ち去ってしまう子は多いのですが、ご存じのように、こちらは日本の作法としてはＮＧとなります。

私がお子さんたちにお伝えしているのは「ドアが閉まるまで動かない」です。足だけでなく、もちろん顔も目も！　ドアがまだ閉まりきっていないときは、相手から見える状態でもあります。親子ともども、お見送りは最後まで丁寧に行いましょう。

足で動かさない。閉めない

わかりきった不作法とはなりますが、両手がふさがれている状態の際にはついつい足で……ということもあるかもしれません。

ただし、足を使ってものを動かす、引き出しやドアを閉めるなどの行為はとてもお行儀が悪いこと。当然「育ちが悪い」という判断もされます。お子さんには、手で作業することが正しい作法であることを伝えてください。

第3章

あいさつ・話し方

時代や手段は変わってもおつきあいの基本

メールやSNSでのコミュニケーションの割合はどんどん増えてはいるものの、人間同士はやはり対面や電話での会話がおつきあいの基本です。特にお子さんは保育園や幼稚園、学校、公園、児童館、お稽古事、塾などコミュニティの場で、先生やお友だちと話をすることが、日々の生活でとても大切なコミュニケーションとなります。

この章では、私が作法教室でさまざまなお子さんと接していて気づいたあいさつや話し方のポイントをお伝えします。まず、お父さま、お母さまからのご相談の中で、とても多いお悩みが、お子さんの声の大きさです。子どもたちにとって声のボリュームのコントロールはとても難しいのですが、多くの子が改善していった私の経験からアドバイスさせていただきます。

続いて、正しく美しい言葉選び、また、相手に心地よく伝わるための話し方を。そして、子どもが前向きな人生を送るために役に立つ親子の会話のノウハウまで詳しく説明いたします。

声の大きさをコントロールする

何度も聞き直さなければならないほど、小さな声で話す女の子。教室中に響く声でしゃべり続ける男の子……。声の大きさひとつでもいろいろなお子さんがいます。

ボリュームは、大小どちらも極端にならないようにしたいものですが、子どもは声の大小・強弱のコントロールがうまくできません。

「なんとかしたい」と、悩むお父さまやお母さま方が、何度も注意する姿も目にしますが、単純に「もっと大きく」などと言ってもなかなか改善には繋がりません。

そこで、ここでは教室で実際に効果を上げているレッスンをご紹介しましょう。

まずは声が小さいお子さんのケースです。もともとの地声が小さい子もいますが、それより断然多いのが、「家ではうるさいくらい大声でしゃべるんですけど、外ではこんなに小さくなるんです……」といった内弁慶タイプのお子さんです。よその人や大勢の前では「恥ずかしい」という思いから、とても小さい声になってしまうのです。

このように、小さな声で聞き取りにくいときに「もっと大きい声で！」「聞こえないからもう一度言いなさい」と繰り返していてもなかなか――いえ、ほとんど効果がありません。

また逆に、いつも興奮しているように大きな声の子のケース。「そんな大きな声出さないの！」「もう少し小さい声で話しなさい」と何度言い聞かせても、残念ながら結果は同じこと。

そこで、双方のケースでお困りのお父さま、お母さまにおすすめの方法があります。それは「小さい声」「中くらいの声」「大きい声」の３種類を、親子で一緒にトライしてみることです。自分の声に耳を傾けることによって、今の自分の声の大きさを認識させることができます。すると、大・中・小のコントロールが自然にできるようになってくるのです。

「おはようございます」「こんにちは」「さようなら」などのあいさつ言葉でも、「おかあさん」「おとうさん」という呼びかけの言葉でも結構です。同じ言葉に対して「大・中・小」を使い分けるトレーニングをしていってください。

まずは家族同士であいさつ

「おはようございます」「こんにちは」「こんばんは」「おやすみなさい」
「いってらっしゃい」「いってきます」「ただいま」「おかえりなさい」
「ありがとうございます」「どういたしまして」
「ごめんなさい」

ごくあたりまえの日常的なあいさつ言葉ですね。しかし、毎日欠かさずしっかり丁寧にできているご家庭はどのくらいあるのでしょうか？　家族同士で習慣化していないのに、また、親のほうも何かをしながらの「ながらあいさつ」をしてることが多いのに、外に出たときだけ、よその方にだけ、「○○ちゃん、おはようございますは?!」

「きちんとごあいさつしなさい」と、子どもを促すのは無理があります。

幼い子は場所や状況に合わせて、そして人に合わせて日常の動作を変えることはかんたんではありません。ですから毎日、朝昼晩、お父さま、お母さまがひとつひとつのあいさつを丁寧にしていないと、当然子どもは外で同じふるまいをしてしまいます。

ドキッとした方も安心してください。あいさつは今日からでもできます。ぜひすぐに取り組んでみましょう。

自分からあいさつ

同じマンションの方やご近所の方、バスの運転手さん、お稽古の先生やお友だちのママ、スーパーやレストランの店員さんへのごあいさつ。親としては、子どもが自ら進んでしてくれるとうれしいものですね。「あら、おりこうさんね！」と褒めていただけるとなおさらです。

しかし実際に教室に通い始めの生徒さんたちを拝見していますと、自分から先にあいさつできるのはわずか3割ほどです。たいていは「ほら、先生に『こんにちは』は?!」「さっき練習したでしょ」といったお母さまの声が聞こえてきます。

なぜ積極的にあいさつできないのでしょうか。これは、恥ずかしがり屋さんや引っ込み思案といった、子どもの性格からくる理由が大多数です。

でも、「性格だから……」とあきらめないでください。あいさつはコミュニケーションの基本ですので、「恥ずかしくてもやらなければいけない」場面があることをきっちり教えていきましょう。

「そうね、ちょっと恥ずかしいよね。でもしようね！」です。

語尾まではっきり言う

「これ、やりたい」「これ、やりたくない」

「おなかすいた」「おなかすいてない」

「わかった」「わかんない」

日本語は言葉の最後まではっきり聞こえるように言わないと、まったく逆の意味に伝わってしまうことが多々あります。

この語尾の問題は幼い子だけでなく、10代、20代の学生さんとの会話でもとても気になります。また、大人でも同じように聞き取りにくい方もいらっしゃいます。それにより、自信のない人と感じさせてしまうことも少なくありません。語尾こそが大切ということを、幼いときからしっかり教えていきたいですね。

赤ちゃん言葉、幼児語は切り替える

「ブーブ」「ワンワン」「まんま」などいわゆる赤ちゃん言葉がなかなか取れない、というご相談をよく受けます。赤ちゃん言葉は確かにかわいいものなので私も否定はしていません。しかし、「もう〇歳になったから……」と、今まで慣れ親しんできた言葉を「車」「犬」「ごはん」に切り替えるのは、もうひと手間かかってしまいますね。

私の作法教室で幼稚園受験を目指している方では、急いで変えたいというケースもあります。親自身が教えた言葉を、子どもがそのまま発しているだけなのに、ある日突然「今日から『くるま』と言いましょう」といきなり変更するのはおすすめできません。

「いつか変えなければいけない」とわかっているのなら、前段階として少し早めに「ブーブ・くるま」「ワンワン・いぬ」「まんま・ごはん」と、2つの表現を同時に言ってお子さんの耳に慣れさせてあげてみてください。すると、子ども自身も自然に口から発することができるようになるでしょう。

実際に、私の生徒さんたちの場合、「もうお兄さんなんだから『犬』って言いましょ！」と急に変えさせようと何度も言い直しさせるより、だいぶスムーズに切り替えられていますよ。

舌足らずなおしゃべりは早めに卒業

幼い頃の舌足らずはかわいらしくも聞こえるので、親のほうはつかの間の楽しみとばかりにそのままにしてしまいがちですが、後《のち》に苦労することになるかもしれません。と言うのも、私の作法教室には「舌足らずで……」と悩んでいる大人の方が男女を問わず結構な数いらっしゃるのです！　もちろんトレーニングをして改善させていくのですが、何十年間もそのしゃべり方で過ごしていますので、改善にはかなり時間がかかってしまいます。なかには「もっと早く親が気づいて直してくれていたら」とおっしゃる方も……。

しかし、ずっと一緒にいるご家族は耳が慣れてしまいまったく気づかないケースも多々あります。ですから、たとえお子さんのしゃべり方に違和感を覚えていなくても、「一緒に暮らしている家族ほど気づきにくい」という認識をもって、忌憚ない意見をくれる気の置けない方、例えば、おじいさま、おばあさまや親戚の方などに聞いてみることも必要かもしれません。

親が気づかない子どもの話し癖

私の教室に通っていた5歳児の男の子Kくんのお話です。

私はKくんとの会話で言葉が聞き取れないことが頻繁にあることを感じていました。何度聞き返しても同じ言い方をするので意味が伝わらないこともしばしば……。

しかし、しばらく会話をして気づいたのです。Kくんの「がぎぐげご」はすべて「ざじぜぜぞ」になっていたということに。それもクリアな「ざじずぜぞ」です！

例えば、「おにぎり」は「おにじり」に、「ぼくがごはんを」は「ぼくざぞはんを」といった具合。これでは、話がほとんど通じないのも無理はありませんね。

「そんなに個性的な話し方なら、当然親が気づくはずでは？」と思いがちですが、Ｋくんのご両親だけでなく、中学生のお姉さんでさえまったく気づかなかったのです。

そう、ずっと身近にいる方ほど、耳が慣れてしまい聞き流してしまうものなのです。

歯並びにも気をつけておく

前項のように、生徒さんの舌足らずのお悩みをはじめ、話し方の癖などは、歯並びが原因ということも少なくありません。「先生、歯医者さんに行ったほうがいいでしょうか？」と尋ねられることもあります。大人の生徒さんでしたら、レッスンの中でのトレーニングによりずいぶん改善されていらっしゃるのですが、小さいお子さんの場合、口内のトレーニングは難しいもの。そんな場合は「一度診ていただいてもよろしいかもしれませんね」と申し上げ、口腔歯科のプロのご意見を聞いてみていただくこともあります。

「です」「ます」「はい」が言える

教室であっても、「せんせいやってー」「わかんなーい」など、家族に使っているような言葉で話す子がいます。

「今日はどんなお天気ですか？」という質問に「あめ」。「誰と来ましたか？」には「パパとママ」。「朝ごはんは何を食べましたか？」と聞くと「パンケーキ」といった具合に、「です」「ます」がまったく使えない子たちも大勢います。

また、「はい」がなかなか出ずに「うん」ばかりのお返事の子も。

まずは、家族やお友だち、大人に使う言葉はそれぞれ違うということを伝えていくことが大切です。そして、よその大人の人には「です」「ます」をつけなければいけない、「うん」ではなく「はい」と答えることをしっかり教えていってください。

「ぼく」「わたし」が言える

小学校に入る頃には、「れいちゃんがね……」「しょうくんは……」「みぃちゃんも……」など、自分の名前や、ご両親から呼ばれている呼び名で表現するのは卒業して、「ぼく」「わたし」に切り替えるよう誘導してあげましょう。

早く「お兄さん」「お姉さん」になりたい子どもたちには、「お兄さん呼びにしようか」「もうお姉さんだから」と言ってあげるとすんなり変えられることが多いですよ。

パパ、ママ、お父さん、お母さん…呼び方はそれぞれでよい

「今、パパ・ママで呼んでいるのですが、お父さん・お母さんに変えさせた方がいいでしょうか？」また、お受験を控えているご家族からは「お父さま・お母さまにすべきですか？」という質問をお受けします。

私の答えは、「ご両親のお考えでどちらでも」となります。自身の呼び方とは異な

り、ご両親のことを「パパ」「ママ」と呼ぶのは、小学生に限らず大人になってもおかしいことではありません。

ただし、それはあくまで家族内や親しい人との会話の中の呼び方であって、お子さんが中学生になったら、外では「父」「母」と言えるようにしたいですね。

人のからだの特徴をすぐ口にしない

髪や目、肌の色、体形、からだの特徴を本人に言ったり、人に説明したりする際は十分な配慮が必要です。何の気なしに、そして、悪気もなく言っているとしても、また、たとえ褒め言葉として使っていても、本人やそのご家族、またそれを耳にした方々が不快に感じる可能性があるからです。

本人が変えようのない身体的特徴はとてもセンシティブな事柄です。思いもよらず相手を傷つけてしまうことがあります。例えば「背が高くて素敵ね」「○○ちゃんはやせてていいな」「くせっ毛がいい感じ」「キリッとしたお顔でかっこいい」など、言われた本人にコンプレックスがあればとても悲しい思いをしてしまうかもしれません。相手のからだの特徴を口にするときは十分に注意することを親として必ず教えてあげてください。

人の外見以外はどんどん褒める

このように、人の外見的な特徴を伝えるには配慮が必要ですが、それ以外で感じたよい部分は、素直にどんどん褒めてあげられる子にしたいですね。

例えば「そのおようふくかわいい！」や「○○ちゃん、ポニーテールがにあうね」「○○くんのおくつかっこいい！」など、相手が身につけるものなどで素敵だなと思ったことや、また、「うたがじょうずでいいな」

「すごい！　○○くんて、はしるのはやいね」など、優れた能力を見つけ、すぐに相手に伝えることができるお子さんは、素直で誰からも好かれます。

ポジティブな言葉を使う

「これきらーい」「できなーい！」と頻繁に言う子がいます。じつは、このネガティブな言葉づかいは、親や周りの大人の声のかけ方に関係していることが往々にしてあるのです。

さて、ここで、お子さんに対する声かけを思い起こしてみてください。

「これ、嫌いなの？」「できない？」という言葉は、日々何気なく使っているのではないでしょうか。しかも頻繁に。すると、当然お子さん同じような言葉で表現するようになってしまうのです。お伝えしているように「鏡」なのですから、考えてみれば、ごくあたりまえのことですよね。

私の作法教室では、「嫌い」「〇〇できない」という言葉を使わないようにしているお母さまがいらっしゃいます。

さて、そのお子さんはどんな言葉を使うのでしょうか。驚くことに、「ぼくこれ（にんじん）キライ！」「〇〇ちゃんできない！」という言葉は一切出てきません。「ぼくこれたべない」「これおのこしする」と自分の意思として伝えたり、「ねえ、どうすればできるの～？」と、前向きな言葉で質問してきたりするのです。

親が「嫌い」は極力使わないようにする。「できた？」「できない？」とは聞かず、「どうすればできるかな？」と問いかけてみる……。毎日のポジティブな声かけの習慣がとても大切だということ、そして、お子さんの性格まで左右することを、私も学ばせてもらっています。

第4章

コミュニケーション

家庭は最初に経験するコミュニティ

私たちは毎日いろいろな人と会い、会話をします。また、メールやSNSを通じて誰かとコミュニケーションを取るのも日常の風景となっています。「今日は外出しなかった」「誰とも連絡を取らなかった」という日であっても、家族同士は顔を合わせ、会話をしているものです。

お子さんにとって一番初めに経験するコミュニティが家庭です。つまり、家は人と人とのおつきあいの基本を学ぶ場となります。ですから毎日の、今の、一瞬一瞬の、お子さんとの関わり方が非常に大切となるのです。

あいさつのときは笑う

意外にも、私の周りには「ほほえめない大人」がたくさんいます。

「こんにちは。よろしくお願い致します」と私のスクールに初めていらしたとき、ニコリともせず真顔であいさつする方、よほど機嫌が悪いのか、または怒っているのかとこちらを不安にさせるほど厳しい表情の方もいらっしゃいます。

カウンセリング時やレッスンの際にその旨を申し上げると、「ああやっぱりそうですか……」と、ご自身もうすうす感じていたという方もいらっしゃるのですが、多くの方は「えっ！　まったく気がつかなかったです」と、指摘されて初めて認識されます。

では、そのような方々が子どもの頃はどうだったのでしょうか？　ニコニコ笑って「こんにちは！」とあいさつしていたとはやはり考えにくいですね。だからこそ、お子さんにあいさつの表情が大切ということ、そして、「笑顔は相手のために必要なこと」を、毎日の生活の中で教えていきましょう。

初対面のあいさつほど、その方の印象を決定づけてしまうものはありません。「ほほえめない人」「笑えない人」は相手に不快な印象を与え、さまざまな場面で損をしてしまいます。お子さんが将来「残念な人」にならないよう、ぜひ「人に会ったらにっこりしようね」「ごあいさつするとき○○ちゃんが笑うと、相手の方がうれしいね」と伝えてあげてください。

まっすぐに目を見る

話を聞くときのアイコンタクトについては第2章で触れましたが、会話ではないときの目線も大切です。じつは、こちらも子どもに限った話ではありません。アイコンタクトに問題がある大人は男女問わずあふれています。

教室の入り口であいさつした後、部屋にご案内し、椅子に座って改めてあいさつを交わし、カウンセリングなど本題に入ります。そして、しばらく会話をしてからようやく初めて目が合った……このような方を私は今まで何人も見てきました。

「アイコンタクトが取れない大人」にならないよう、幼少期のうちに、相手の顔を見ること、まっすぐ目を見ることを癖づけさせてあげたいですね。

ただし、それでも思春期にさしかかると「恥ずかしい」「カッコつけたい」など、さまざまな要素や理由で目を合わせなくなる子がいます。もちろん、もう少し成長した際、例えば20歳ごろからでしょうか、自分で「相手の目を見ていない」ことに気づけば、もしくは、ご家族が気づいて伝えてあげられれば直せるものです。しかし、その機会もなく、周りからも指摘されず、改善せずそのまま大人になった人は、それこそ50歳、60歳になっても人の顔をほとんど見ずにあいさつや会話をすることになります。ビジネスでも社交の場でも人に不信感を持たせ、不快な思いをさせてしまいます。その結果、好感度や信頼感を落とすこととなり、非常にもったいない人生になってしまいます。

「うちの子、小さい頃はちゃんと目を見て話せてたのに。しようがないわね……」などとあきらめず、幼少期だけでなく、むしろお子さんが思春期になった頃にも親が変わらず目を向け、アイコンタクトの大切さを伝えていくようにしたいものです。

あいづち、返事ができる

「あなたの話をちゃんと聞いています」ということを相手に伝える大切な方法があいづちです。

「はい」「ええ」「うん」「そうですか」「へえ〜」等、みなさんも工夫しているかと思います。しかし、子どもは大人と違って、相手の話に対し絶妙なタイミングであいづちを打つことはできません。また、「お返事は?」「○○くん、『はい』は?!」と促されないと、自分からなかなか返事ができない子もいますね。だからこそ、親がどういうときにどんなあいづちを打つべきかを教える必要があります。

相手の話が一段落したときや何かを頼まれたとき、そして「○○してね。わかった?」と聞かれたときには必ず「はい」や「わかった」と返事をさせていく積み重ねが大切です。

迷いなく「ありがとう」が言える

何の迷いもなくスッと「ありがとう」が言える方は素敵ですね。それは子どもも同じこと。優しくしてもらったときや何かをいただいたとき、また、順番を譲ってもらったときや、ものを貸してもらったときに、素直な心で自然と感謝の言葉が言える子は誰からも好かれ愛されます。

私が「子どもって素晴らしいなぁ！」と感じるのは、大人では思いも寄らないことにでも「ありがとう」が言えること。対象は人とは限りません。動物や昆虫、草花にも、そしてものにだってこの言葉が自然に出てきます。さらには「風さんありがとう」「お空さーん！　ありがとー」と、それこそ万物に対して……！

私たち大人は、このような子どものピュアな心を大切に守り、また、育んでいきたいものです。そして、私たち自身も子どもの頃の純粋で素直な心を思い出し、感謝の気持ちを口にしていきたいですね。

間違いを認める、「ごめんなさい」が言える

大人でも「ありがとう」は言えるけれど「ごめんなさい」が言えない人がいます。「ありがとう」は相手が自分のためにしてくれた言動に対してのお礼の言葉。一方、「ごめんなさい」は自分が相手にしてしまった誤った言動に対してのお詫びの言葉。つまり、相手が自分にしてくれたことには感謝できるけれども、自分が間違えたことや過ちについては認めたくないという、素直になれないプライドが見え隠れしています。

では、子どもの口から「ありがとう」と同様に「ごめんなさい」が素直に言えるようにするにはどうすればよいで

しょう？

それは、子どもが謝った後はお説教を長引かせないことでしょう。「ごめんなさい」が言えたら「はい。今度から気をつけようね」で済ませます。問題は、ここで親自身が切り替えられるかということ。あれも悪いこれも悪かった、まだ言い足りない……と、「ごめんなさい」の後もずっと叱り続けてしまうことはありませんか？　しかし、これはかえって逆効果になります。謝ってもまだ怒られる、どうせ許してくれない、謝っても無駄だ、という認識となってしまうのです。親側の切り替えこそが難しいのですが、まずはここから変えていきたいですね。

自分の考えを言える

子どもが自分の考えをきちんと相手に伝えることは、難易度が高そうに思えますね。ちゃんと自分で考えて、思ったことを口に出して相手に伝えることが大切なので、もちろん、子どもの年齢、月齢に応じた言葉、表現でいいのです。

じつは、それには多少の訓練が必要です。でも大丈夫ですよ。親のちょっとした心がけで、子どもの考える力とそれを伝える力はグッと伸びるものなのです！

例えば、絵本の読み聞かせをしたとき、途中で「クマさんが泣いてたよね。どう思う？」と聞いてみたり、読み終わったときに「このご本を読んで、○○ちゃんどんなふうに思った？」など気持ちを聞いたりしてみましょう。ただし、お話の途中では、親のほうが頑張りすぎて質問攻めになってしまわないよう気をつけましょう！

スピーチができる

自分の意見、感想、考えなどを複数の人に説明することが苦手な子どもは非常にたくさんいます。昨今では、クラスのみんなの前でスピーチをする、また、ディベート授業を取り入れる私立校なども増えていますが、これまで大勢の前で自分自身の意見を的確に伝える機会が少なかった日本の学校教育では、その能力が育まれることは期待できませんでした。この面で他国に後れを取っている日本人は、スピーチや討論が苦手とされています。

では、子どもの独自の考えを伝える力やスピーチ力を、私たち親はどう育てていったらよいのでしょうか？　ということで、私のおすすめの方法をお伝えいたします。

4、5歳のお子さんにも、そして、小学1年生になったらぜひトライしてほしいことがあります。それは、「誕生日スピーチ」。自分のお誕生日にお祝いをしてくれている家族や親戚、お友だちの前で「○歳のお誕生日を迎えて思うこと」を発表させるのです。○歳になってどんな気持ちか？　みんなにお祝いをしてもらってどう思ったか？　今日からの1年で何をしたいか？……どんなことでもいいので、自分がお誕生日に感じたことを堂々とみんなに伝えるということが大切です。

もちろん、お誕生日は1年に1度しか来ませんので、事あるごとに、何かの節目節目にもスピーチを促してみてください。

「入学式を迎えて」「バレエの発表会を控えて」「運動会を終えて」「新しい年を迎えて」「〇年生になって」などあらゆる機会を与えてみましょう。この積み重ねが大切です。

もちろん、子どもだけにさせるのではなく、お父さまお母さまもなさってくださいね！

具体的に答える

子どもは語彙《ごい》が少ないので、「今日、幼稚園どうだった」「お外遊びどうだった？」「音楽の授業どうだった？」と聞いても、「たのしかった」「おもしろかった」など、大まかでいつも同じような答えしか言わない子も多いものです。

これらは質問の幅が広すぎるので、幼い子にとっては無理もないこと。

考えてみてください。大人だって、上司から「最近どうだね？」と言われたら……？　何をどう答えてよいのか迷ってしまいますよね。そこで「あ、はい。頑張っております」などとあいまいな返事になってしまうことも多いのです。しかし、「例のプロジェクトはどこまで進んでいるんだい？」と質問されたらどうでしょう？「はい、先方のご都合もあり、現在６割ほどといったところです。私としては……」など、より具体的に答えられるはず。

おわかりでしょうか？　親側があいまいな表現で質問をしているから、また、親自身のボキャブラリーが少ないから、子どもの答えも漠然としていて、毎回変わり映えしないのです。

まずは親自身の質問の仕方、言葉選びから変えていきましょう。「園庭でしたおにごっこ、何がおもしろかった？」「音楽の授業の笛はどれくらい吹けた？」など、できるだけ具体的な質問を投げかけてあげてくださいね。

いやなことも伝えられる

「いや」ということを表現できない。断れない。いつも我慢して引き受けてしまう。よく利用されてしまう。こんな大人の生徒さんを、私はたくさん見てきました。その理由としては、気が弱くて断れない、嫌われることを恐れて、相手に悪くて、その場の雰囲気が悪くなってしまうのを避けたくて……。いろいろな事情があります。このタイプは、優しい、いわゆる「いい人」ではあるのですが、その半面「自身の意見を持たない人」「便利な人」といったマイナスのイメージも他人に与えてしまいます。もちろん、このように、人に与える印象うんぬんの前に、ご自身が苦痛や不快を感じたり我慢したりすることは避けたいですよね。

「形」で覚えることをコンセプトとしている私の教室では、そんな生徒さんには、ごくごく簡単なセリフやコツを伝えて実践していただきます。この「形」を試してみた生徒さんからは、今までどうしても言い出せなかった「お断り」がいとも簡単に伝えられ、効果絶大だったと報告が届きます。それは、子どもだって同じことです。

子どもの場合は、まず相手に理由を伝えることを教えます。「いや！」「やだーっ」という感情だけを口にするのではなく、「ぼくは、これ好きじゃないからいりません」「これはわたしの大切なものだからあげない」「いま、わたしが使っているから貸してあげられない」と、意思をしっかり伝えることです。

そのうえで、親が必ず教えてあげたいことは、「ごめんね」の言葉も添えるということ。これは、自分が悪いことをしてしまったという謝罪の言葉ではなく、相手の希望に応えられなくて自分も残念という気持ちも含めて伝える、ということも説明してあげましょう。

自分がいやなこと、「ＮＯ」をしっかり相手に伝えるということは、今後の彼らの人生にとっても非常に重要だと考えています。

大人とも堂々と会話ができる

ご近所の方、幼稚園や学校、お稽古の先生、両親のご友人やお知りあい……、大人の方へのあいさつはもちろんですが、しっかり会話もできる子はさらに稀《まれ》です。もちろんこれは、人見知りをするしないにも関係がありますが、たとえ人見知りをまったくしない子であっても大人と普通に会話ができるかというと難しいものです。

前にお伝えしたように、自分の考えを自分の言葉で言える子に育っていくと、相手が大人だからと不必要な緊張もせず、構えず、ナチュラルに、堂々とお話ができるようになっていきます。

「八百屋さん」や「おもちゃ屋さん」、スーパーの店員さんに、自分の欲しいものがどこにあるか尋ねさせてみる。図書館で司書の方に読みたい本の相談をしてみるなど、幼い頃からさまざまな大人に会わせ、ものおじせずに話せるようになっていける環境をつくってあげましょう。

相手の気持ちを想像できる

「相手の気持ちになって考えなさい」

これは、お友だちや兄弟などとけんかをしたりトラブルになったとき、大人が真っ先に言う言葉でしょう。

では、どうしたら「相手の気持ち」に寄り添うことができるのでしょうか？

私の教室に通っているお母さま方が実践していること、それは絵本の読み聞かせの際に登場人物がそのときどんな気持ちかを考えさせたり、一緒に遊んだお友だちの感情を聞いたりする方法です。

「クマさんはどんなふうに思っているかな?」「○○くん、そのときどんな気持ちがしたと思う?」と尋ねることによって、相手の感情を想像するトレーニングができます。このように、普段から相手の気持ちを想像し、それを自分に置き換え共有することで、お友だちや周りの人の気持ちに寄り添う心が育まれるのです。

自分で考え、行動できる

さて、相手の気持ちを想像できるようになったら、その次の段階としてぜひ育てたいのが、「相手が心地よくなる行動ができる力」です。

「そう思ったのね? じゃあ○○ちゃんに何をしてあげたら喜んでくれると思う?」「今度はお友だちにそう言ってあげようか?」と、親が誘導し、積み重ねていったお子さんは、「○○ちゃんが欲しそうだったから『どぉぞ』って言ったの」「きょうね、○○くんがさびしそうだったから『いっしょにあそぼ』って言ったらわらってくれた」など、お友だちの気持ちを察して、それを言葉や行動に移せるようになってきます。

自分で考え、自ら行動するのは簡単なことではありませんが、これはお子さんが成長する過程で、また彼らのこれからの人生で必要なことであり、一生大切なことではないでしょうか。私たち大人も自らを省みるテーマですね。

もの、こと、場所を譲る

前項に続いてこちらも、「自分で考え、行動できる」に繋がることです。自分の好きなこと、好きなものを気持ちよく人に譲ってあげるのは容易なことではありません。だからこそ、お父さま、お母さまが日々そういった姿を見せてあげることはとても大切で有効なのです。

親というものは、何においても子どもを優先します。自分より、まず子ども。自身が好きなおかずやスイーツであっても、子どもが欲しそうだったら「ママの食べていいよ」となるのはごくあたりまえの親心。

しかし、ご夫婦の間ではいかがでしょうか？

「パパ、これ好きでしょ？　どうぞ」「これ美味しい！

はい、お母さん」とナチュラルにお互いを思いやる姿を日常で目にしていれば、子どももそれがごく普通のことと感じ、家族やお友だち、周りの方々にも同じように行動できるようになっていきます。


ものだけでなく、もちろん、電車やバスなど乗り物の席をお年寄りの方や妊婦さん、自分より小さい子に譲ることも、相手が助かり、うれしい気持ちになってもらえることを伝えてあげたいですね。

順番を譲る

ものごと、場所を譲る場面以外でも、相手に譲ってあげられることは日々たくさんあります。例えば、マンションのエレベーターの乗り降りで「お先にどうぞ」と言える。狭い道を歩いているとき、すれ違う方に「どうぞ」と立ち止まって道を空けてあげる。公園のブランコ、滑り台など遊具の順番を「先にやっていいよ」とお友だちや小さい子に譲ってあげるなど。

このような声かけや行動ができる子どもは理想ではあります。でも、なかなか……と思うかもしれませんが、大丈夫です！　やはり、お父さま、お母さまが日々そういった姿を見せていれば、子どもにもあたりまえの行動になるでしょう。

分けあう

幼児教室や保育園、幼稚園、学校では、複数のものをみんなで平等になるよう配る場面があります。また、何人かのお友だちでひとつのものを割ったり切ったりして分けあわなければならないこともあります。そんなとき、自分だけがたくさん取ってしまう子はお友だちからの信用を失いますし、決して正しいことではありません。

「譲る」と同様に「分けあう」ということも、まずは家庭であたりまえにできることが理想です。おやつや積み木、おはじきなど、どんなものでも結構です。日頃から分けあうという機会をつくる工夫をなさってみてください。

約束を守る

約束を守ることは、人とのおつきあいにおいて最低限のマナーであり、ビジネスでは絶対の条件でもあります。約束は守るもの、それがあたりまえということを、幼い頃からしっかりと植えつけてあげることはとても重要です。

いつも時間にルーズな人。期限を毎回過ぎる人。「あ、ごめーん　忘れてた！」を繰り返す人。一緒に決めたことを気分で変える人。みなさんの周りにも何人かいらっしゃるのでは？　これらの言動は友人関係においてもビジネスにおいても信頼や信用を失います。さらには、友情や大切な仕事を失うことにも。本人が一番損をすることになってしまいますので、約束の大切さはぜひしっかりと伝えていきたいものです。

「いいところを見つける才能」を伸ばす

私の周りには、相手の長所や素敵なところを見つけることがとても上手な方がいらっしゃいます。人のよい部分に気づけるのはひとつの素晴らしい能力です。そして、第3章でもお伝えしたように、それを口に出して伝えられる人は、相手を心地よくできますし、何より素直で魅力的な人という印象になります。

しかし、これらが苦手な大人も意外と多いのです。人を褒めることができませんので、コミュニケーション力も十分ではなく当然、魅力的とは言えません。

お子さんの口から、「○○くんて、絵がじょうずだね」「わぁ　かわいい！」「○○ちゃんてすごいなあ」「おめでとー！　よかったね～」など、素直に人を褒めたり認めたり、人の成功や成果を素直に称える言葉がすぐに出てくれるとうれしいもの。また、おうちに帰ったときに「あのね、○○くんってすごくお歌がうまいの」「○○ちゃん、やさしいのよ。大すき」などと話してくれると、我が子の素直さと澄んだ心を親としてありがたく感じますね！

そんな心を育む方法のひとつとして、その日に出会ったお友だちや大人の人、絵本に出てきた登場人物などの「いいところ」「素敵な部分」を一緒に思い出し、子どもの「いいところを見つける才能」を伸ばしてあげるのはいかがでしょう。家族みんなで順番に言い合うなど、ゲーム感覚を取り入れるのもおすすめです。

借りたものはきれいに返す

ハンカチを借りたら、洗ってきれいにアイロンをかけてお返しする。絵本を借りたら、汚さないように破かないように丁寧に扱ってお返しする。おもちゃなどもお返しする前に軽く拭いてきれいにしておく……。そんなちょっとした心づかいがごく自然にできると、相手に「かしてくれてありがとう」

という感謝の気持ちが伝えられます。今後、人とのおつきあいや社交という面でもとても大切なことなのでをしっかりと子どもに教えていきたいですね。

親切にされたらお礼の手紙を書く

誰かと会えてうれしかった。何かをいただいてうれしかった。遊んでもらって楽しかった。そんなとき、ぜひお手紙で「ありがとう」「うれしい」の気持ちをお伝えする習慣を身につけさせてください。

それは「ありがとう」のたったひと言でも、自分のお名前だけでも、相手のお顔の絵でもいいのです。ほんのちょっと時間と手間をかけることで、感謝やうれしい気持ちが深く伝わります。さて、今日はお子さんが「ありが

とう」を伝えるべき人はいませんか？　思い浮かんだらさっそく始めてみてください！

お礼でなくても手紙を書く

何かしていただいたときのお礼だけでなく、普段からお手紙を書いてみましょう。最近あったイベントや楽しかったことをはじめ、日々の何気ない様子を伝えるだけでもお手紙とはうれしいものです。おじいさま、おばあさま、いとこなど親戚の方々などに送ってさしあげたら、きっと喜んでくれますよね。

その季節に合わせた便せんや封筒を選ぶことも、より豊かな楽しみになりますね。

コラム

スマートフォン、タブレット、パソコンの扱いに注意！

今の時代、スマートフォンやタブレットなどで子ども向け動画を見せるのはあたりまえになっているようですが、使用については、各ご家庭でしっかり線引きし、けじめをつけるようにしてください。仕事用パソコンは絶対にさわってはいけないもの、親の携帯電話やタブレットについても、見ていい時間や場所を決め、それ以外はぐずっても泣いても見せない、さわらせないといったけじめが大切です。

じつは、これは、お受験のときにスマートフォンで大失敗してしまった生徒さんのエピソードを伺って以来、みなさんに強く申し上げていることでもあります。

それは数年前に小学校受験をされた方のこと。学校の待合室での待ち時間がとても長く飽きてしまった子が、「ママ、ケータイは⁉ ケータイ、ケーターーイ‼」とお母さまのバッグの中を探し荒らしまくってしまったそう。それ以前にもきっとさまざまな場所で同じようにしていたことが想像できます。そんな姿はもちろん試験官の方にチェックされますので、残念な結果になってしまったことは言うまでもありません。

これはお受験の場でなくても同様です。公共の場でそのような姿、言動は周囲に不快感を与えたり、ご迷惑がかかったりします。第一、親が困ってしまいますよね。スマートフォン、タブレットなどの使用については、ぜひお早めにご両親で方針を決めておいてください。

第5章

お出かけ・公共の場所でのふるまい

家族以外と同じ空間を共にし、心地よく過ごす

通園や通学、お出かけのときに使う電車、バス、駅やバス停。時々訪れるスーパーやデパート、レストランやカフェ、図書館。年に何回か利用するプール、遊園地、映画館、美術館。また、旅行に出かける際に使う新幹線や飛行機の中と、旅館やホテルの館内……。家族以外の方とも同じ空間で過ごす機会はじつにたくさん！ もちろん、子どもの遊び場である公園や児童館もそれに含まれるでしょう。

家を一歩出たら、そこには自分以外、家族以外のいろいろな方たちがいます。ですから、自分がいるところはどういった場所なのかを知ることが大切です。その場にいる方たち誰もが自分たち家族と同じ目的で来ているとは限りません。思い切り楽しみたい人やゆったり静かに過ごしたい人もいるでしょう。その方々の気持ちを想像し、同じ空間で共に心地よく過ごすために、親がその場に合ったふるまいを教えていくことが重要です。

気持ちと声をコントロールする

第3章では、あいさつのときの声の大きさのコントロール法についてご紹介しましたね。ここでは、楽しくてはしゃぎ過ぎているとき、騒いでしまったときの落ち着かせ方についてお話しします。

子どもが外で大騒ぎをし、手がつけられなくて困った経験のあるお父さま、お母さまもきっと多いことでしょう。大声で騒いでしまっている子どもに、「○○くん！静かにしなさい！」「ここで騒いじゃダメ！」と叱ることになりますね。しかし、楽しくて楽しくてしようがない状態の子どもたち、ましてや興奮してる子に、その言葉は一体どれくらい響いているのでしょうか？

家族と会話する声の大きさであっても、お友だちと楽しく遊んでいるときの声であっても、「わ〜〜〜〜い！」「キャーッ」という奇声に近い声であっても、その場その場に適したボリュームなら問題はないわけです。しかし、子どもにとってこの使い分けがとても難しいことなのです。

では、どう声かけし、正していけばよいのでしょう？

私のおすすめは、「周りの人の声の大きさに合わせる」という方法です。お子さんに「あの人と同じ大きさでしゃべってごらん」と伝えてみてください。お手本、お見本があると小さい子にもとても受け入れやすくなります。そして、フッと一瞬であっても周りを見る、ということはエキサイトしている子どもを落ち着かせるための有効な手段となります。

また逆に、声が小さすぎて周りの方の声に消されてしまうような場面でも同じです。「あの女の子と同じ大きさでお話しすると、○○ちゃんの声がちょうどよく聞こえるよ」と、見本となる人を示してあげてください。

早歩きの練習をさせる

「走っちゃダメ！」「ここでは走らないの！」の声かけもじつは前項と同じです。デパートやおもちゃ屋さんなどで、うれしくて思わず「わ〜〜〜っ」っと走り出すのは子どもの常。いったん押さえた子どもの腕をちょっとでも緩めると、またパッと走り

出す。このような子どもたちを制御するほど難しいことはありませんよね。
こんなとき、「走っちゃダメ！」「ここでは走らないの！」と声をかけるのが一般的かと思いますが、じつは、先に紹介したように、「静かにしなさい！」や「騒いじゃダメ！」と制止させる声かけと同じ理由で、ほとんど子どもには効きません。

そこで、待ちきれず先へ先へと急ぐ子どもには、「早くあっちに行きたいよね。じゃあ早歩きで行きましょ」と、急ぎ足、早歩き、早足で向かわせるようにするのです。
ただし、練習しておかないとちょっと難しいかもしれません。普段から、「あそこの大

き い木まで、走らないでどっちが早く着くか競争しよう！」と、こちらも親子で「早歩き競争」などをゲーム感覚でやってみて、からだで覚えさせておくとよいでしょう。

ものを食べてはいけない場所を知る

脱水予防ということで飲み物については禁止する場所が少なくはなってきましたが、食べてはいけない場所、我慢しなければならない場所はたくさんあります。

ここでお子さんが、飽きたりぐずったりして泣いたときにおやつを与えてしまうと、子どもは当然食べていい所だと勘違いしてしまいます。幼稚園入園前の年齢のお子さんや、体調がよくないなど特別な事情がある場合を除いては、やはり駅や電車などで食べることは避けるべきです。

めやすとしては、「大人が食べておかしい場所では、子どもも食べない」と考え、正しくしつけていってあげてください。

周りを見てから座る

第3章でもご紹介したように、電車やバスなどの乗り物や、公共のベンチなどでは、お年寄りの方をはじめ、妊婦さん、自分より小さい子に自らサッと席をすすめられたり、譲ってあげられる子に育てたいもの。最初は親に言われてから行動に移すだけで十分ですが、少し大きくなってきたら、子ども自身が自分で周りを見て、椅子が必要な人を見かけたらすぐにお声かけができるのが理想です。

からだがお辛い方にとって椅子に座ることはとても助かるだけでなく、

「○○くんが気がついてくれて、気持ちよく譲ってくれたことをうれしく思ってくれてるよ」と教え、人の喜びを自分の喜びとすることを経験させてあげたいですね。

切符、交通系カードは渡さない

子どもは駅の改札で切符を入れたがったり、交通系カードをピッ！　とタッチしたがったりするものです。親が周りを見ずに、無条件でこれを許していませんか？

このような親子の後ろについて困ったご経験、皆さんも一度はあることでしょう。急いでいるときの子ども本位の行為は他人にとって大迷惑となります。改札口の前で「やりたい！　やりたい！」と言う子どもに切符を手渡し、うまく入らないため何度か繰り返す、落としてしまう……。

改札口でのほんの何秒かの差で目的の電車に乗り遅れることもあります。ここでの数秒があなたの後ろにいる方にとって貴重な時間となることを常に意識してください。

もし、子どもに経験させたいのであれば、後ろに人がいないかしっかり確認してから。いたら渡さない。こんな毅然とした態度をぜひ親として見せていきたいものです。

ゴミはゴミ箱に捨てるか持ち帰る

お子さんはおうちで床にゴミを捨てていますか？　まずはそこから考えてみましょう。お菓子やおもちゃなどのラッピングや包装紙を開けた際に、子ども自身がゴミ箱に捨てるということを習慣化させるのが先決。家でできていなければ、外出先でパラっと下に落としたままにしてしまうのも、悪気もなく地面に捨ててしまうのも当然のことです。

ごみ箱がない場所でも決してその場に置きっぱなしにせず、自宅に持ち帰る習慣が大切です。お出かけの際はゴミ用の袋を必ず用意するようにしましょう。

ゴミに関しては、私の生徒さんでも2つに大きく分かれます。クレヨンの巻き紙を剝いたものや、鼻をかんだティッシュをそのまま机の上に置きっぱなしにして帰ろうとする子。逆に、「先生、ゴミ箱どこですか?」と聞いてきちんと捨たり、使ったティッシュを自分のポケットに入れる子。こうしたお子さんの姿を見ていると、ご家庭でのしつけが手に取るようにわかります。

次の人のためにできることを考える

外で洗面所を使った際、飛び散った水しぶきをペーパーで拭いて出て行く人は、それこそ「育ち」のよさが伝わります。次に入った方が気持ちよく使えるよう、このような配慮はとても素敵なことです。新幹線や飛行機などのお化粧室でも必ずなさってほしいですね。

親のこのような姿を見て育った子どもは、自然と同じふるまいができるようになります。

自分の次に使う人のことを想像でき、どうすれば心地よくしてあげられるかを考える人に成長しますように。

商品はやさしくさわる

スーパーでお菓子を選んでいるとき、あれやこれやと目移りしていろいろな商品をさわったり押したりしてしまうことは、はた目に気持ちのよいものではありませんね。もしもお子さんがうっかりやってしまったら、決して見逃さないでください。レジを通していない商品はまだ自分のものではない、他のお客さんが買うものということをしっかり説明しておきましょう。

また、お野菜や果物はさわると傷みやすいものも多いですし、お肉やお魚のパックも指で押してしまうとラッピングに穴が開いたりして中身が傷んでしまうなど売り物にならなくなります。

ついスーパーなどでは親自身が食材選びで余裕がな

く、子どもに目が行き届かなくなりがちですが、買い物の際の最低限のマナーとして必ず守りたいことです。お子さんから決して目を離さないようにしてください。

点字ブロックを踏まない

その役割を知らない小さい子どもにとって、駅構内の通路やホームにある黄色い凹凸の点字ブロックは、珍しくおもしろいものでしかありません。靴で乗ってみたくもなります。しかし、これらは誰のためになぜ必要なのか、それがないとどんなに危険なのか、そこに人が立っているとどれだけ迷惑かを親としてきっちり教えなければいけません。

「何かお手伝いしましょうか？」のひと言をかける

視覚だけではなく障がいをお持ちの方々が安心して心地よく過ごせるよう、お子さんが小さいうちからいろいろな状況の人たちがいらっしゃることを認識させ、自分には何ができるか、自分は何をすべきかを考えさせることはとても大切です。

助けが必要かもしれない方をお見かけしたときには、「何かお手伝いしましょうか？」「私にできることはありますか？」と親がすすんでお声かけする姿を子どもが見ていれば、自然に手を差し伸べられる子になっていくことでしょう。

人として必要な知識とちょっとした勇気を、幼いながらも育んでいけるよう、親がしっかりと教えてあげたいですね。

コラム

体験からどんなサポートが必要か学ぶ

作法教室にいらしている幼稚園の年長の生徒さんで、目が不自由な方にマラソンの伴走のお手伝いなど奉仕活動をしている子がいます。

また、本当に何ひとつ見えない真っ暗闇の中で、耳と感触だけを頼りに歩いて進んでいく、といった暗闇の体験施設にご家族で参加された生徒さんもいらっしゃいます。泣きたくなるほど心細く恐怖すら感じるまっ暗な空間で、普段どんなに視覚に頼って生活していたかということを親子ともども実感することができたそうです。

これらの経験により、券売機やエレベーターなどの点字表記や点字ブロックが、そして何より居合わせた人たちの助けや誘導が、どんなに必要で助かることかを学ぶことができ、とても貴重な経験になったと、みなさん話されていました。

第6章

およばれ・訪問

あたりまえが通じない「よそ」のルール

よそのお宅でのふるまいには、たくさんのマナーが必要です。基本の作法を守ることはもちろんですが、その家ごとの独自の決まりごとやルールも存在します。自分の家や自分の家族が普段していることでも、よその家では通じないこともあります。

まずは、よそのお宅におじゃましたときは、自分の家や自分の家族に対することとは異なり、してはいけないことや、しなくてはいけないことを伝えましょう。

「おじゃまします」が言える

これは基本のマナーです。「こんにちは」だけのあいさつ言葉でよそのお宅へ上がるのと、これに「おじゃまします」の言葉を加えるのとでは、その心構えも変わってきます。このひと言から、「自分のおうちではないよその家に上がらせてもらう」という切り替えがスタートするのです。

汚れた足で上がらない

外で遊んだあとにお友だちの家におじゃまするときなどは、持参した替えの靴下に履き替えられるとよいのですが、親が一緒でない場合はちょっと難しいかもしれませんね。まずは親子で伺う機会に、汚れた靴下で上がってしまったら床も汚れてしまいご迷惑になる、ということを子どもに認識させましょう。玄関で履き替えるよう誘導してください。

また、夏など裸足で上がるのも避けたいですね。素足にサンダルで出かけても、よそのお宅へおじゃまするときはきれいな靴下を持参して履く、というマナーも教えてくださいね。

手を洗わせる

子どもは外でいろいろなものをベタベタとさわってしまうので、よそのお宅へおじゃまする際は手の汚れも気になります。しかし、お招きした側から「手を洗ってきてくれる？」とはなかなか言い出しにくいもの。たとえそれほど汚れてはいなくても、おじゃまする側から「手を洗わせてもらっていいかしら？」と申し出るようにしてください。

その際、もちろんタオルをお借りしてもよろしいのですが、「手洗いの後は、自分のポケットからハンカチを出して拭く」という癖づけをしたいときには、タオルが用意されていても自分のハンカチで拭かせましょう。

勝手に扉や引き出しを開けない

「よそのおうち」の引き出しや戸棚にはいったい何が入っているのか？　子どもは興味があるのでしょう。

そして、「ここ、なにはいってるの〜？」と言いながら開けてしまったり、それ以前に何も言わずにサッと開けてしまう子も……。

また、ダイニングに通された際に「何かのみたーい」と冷蔵庫まで開けてしまうお子さんもいるようです。　これでは親が恥ずかしくなってしまいますよね。

「ここなに？」と、他の部屋のドアを開けてしまうのも同じことです。よその家では、通された部屋以外には行かない。勝手に物をさわったり、扉や引き出しを開けたりするのはいけないこと。自分の家にいるときとよその家へ伺ったときはルールがまったく異なることをしっかりと教えてから訪問してください。

部屋を出たいときは聞く

通されたお部屋から出たいときは必ずおうちの方に声をかけさせるようにしましょう。たとえ洗面所やお手洗いの場所を知っていても、必ず「いってもいいですか？」「かしてください」と伝えてから行かなければいけません。

畳の基本作法を教えておく

和室がない家のほうが圧倒的に多い昨今では、仕方がないことでもあるのですが、日本に住む者として、また大人として、和室での最低限の作法は知っていたいもの。そして、それをお子さんにしっかりと教えていきたいものです。まずは基本の3つをご両親自身が確認しておいてください。

・畳の縁は踏まない
・敷居も踏まない
・座布団の上に立たない

　およばれした家で通されたお部屋が想定外の和室だった……というときも慌てないよう、この3つだけは幼い子にも必ず教えます。お父さま、お母さまのご実家に畳のお部屋がある場合や、旅館に泊まった際などはとてもよい機会ですので、日本の作法というものをきちんと伝えてください。

「おいしい」「おいしかった」が言える

おやつやお食事をいただいたら「いただきます」「ごちそうさまでした」のあいさつはもちろんのこと、あわせて「おいしかったです」という言葉も言えるようにしたいですね。

訪問先の方も「お子さんが喜ぶように」と、わざわざ子ども向けのものをご用意していることも多いでしょう。そのようなおもてなしの心に、たったひと言を添えるだけで感謝の気持ちが伝えられます。

「おかたづけ」をしてから帰る

お友だちの家でおもちゃをお借りし、遊ばせてもらったら、全部片づけをしてから帰るのはあたりまえのこと。自宅でもお出かけ前や、食事の前、寝る前などに実行していれば、自然とできるはずです。

「あらやだ！　もうこんな時間！　すぐ失礼するわね」と、散らかしたままバタバタ去る……なんていうことのないよう、一緒にいる親が片づけに要する時間を考えてから、お暇《いとま》を告げるようにしてください。

いただいた後の食器を片づける

自分が遊んだおもちゃは当然のこと、出していただいたおやつやごはんなどのお皿やコップなども同じです。

「これ、どこにもっていけばいいですか？」と聞く姿からは、ふだんからお手伝いをしていることや、自分の役割がきちんとある家庭の子だということがにじみ出ます。

外に出たときの子どものふるまいは、すべて日常の家庭でのふるまいから形成されていくものです。よそのお宅で子どもの粗相を経験したとき初めてそれに気づき、子どもの育て方やしつけを改めるお父さま、お母さまも少なくないはずです。

「私がやった方が早いから」「割ったら余計な手間と時間がかかるから」という思いも十分わかります。けれども、家で子どもにさせるべきことをさせていないと、後々、訪問先で失礼をしてしまうこととなってしまいます。

「おじゃましました」+「たのしかったです」「ありがとう」が言える

お暇するときも「さようなら」だけでなく「おじゃましました」を付け加えるようにします。また、「たのしかったです」「ありがとうございました」など、さらに感想や感謝の思いを言葉にして添えられると、もてなしてくださったおうちの方もうれしい気持ちになりますね。

大人でも、友人と別れる際には「今日は楽しかったわ〜。○○ちゃんありがとう」、また、ビジネスでお会いした方にも「本日は貴重なお話をありがとうございました」など、ちょっとしたひと言が伝えられるか否かで、人づきあいやコミュニケーションのよしあしが左右されます。

子どものときから「ひと言添える」をあたりまえにさせたいものです。

お礼の手紙・絵を送る

手紙については第4章（136ページ）でもお伝えしましたが、およばれした際にもぜひ実践していただきたいと思います。

心からおもてなしくださった方や、普段あまりお会いできない方と久しぶりにお目にかかれたときには、帰宅後に、お礼状を書く習慣をつけさせたいですね。

たとえ「ありがとう」のひと言であっても、わざわざ手紙にして送ってくれたというその気持ちがうれしいもの。おじいさまやおばあさまでしたらなおさらでしょう！

まだ文字が書けないお子さんなら、もちろん絵だけでも構いません。一緒に遊んでもらって楽しかったことや、いただいたお料理、おやつの絵を描いてもいいですし、相手の方のお顔を描いてお送りしてもうれしい気持ちが伝わりきっと喜んでくださることでしょう。

郵送でもメール添付やSNSでも、普段やり取りしている媒体で送ってみてください。できれば、当日や翌日など、お礼の気持ちは早めに伝えましょう。

第7章

身だしなみ・身の周りを整える

自立の一歩は毎日の身だしなみから

「自立した人間に育ってほしい」

これは、たくさんのお父さまお母さまが口にされる願いです。お受験の両親面接では、「お子さんにはどんな大人になってほしいですか？」という質問をされることが多々あります。私の作法教室では面接の質疑応答トレーニングをしていますが、お父さまやお母さまの口から出てくる言葉の中で昨今ナンバーワンが、この「自立」というキーワードです。

自立した人間に育つには、まず子どもが身につけるもの、そして、身の周りにあるものを子ども自身で整えていくよう誘導が必要です。年齢が上がるごとに、親に頼らずに自分自身で毎日責任を持ってできることを増やしていきましょう。

手を洗う

手洗いは生活上の基本ですので申し上げるまでもありませんが、目に見える汚れがなくても外遊びから帰ったとき、また、電車やバスに乗ったりお店に寄ったりした後、つまり外から帰ったら必ず手洗いすることを癖づけさせましょう。時世的に必要と思われる期間には特に気にしてあげなければなりませんね。

じつは、大人でも「めんどくさい」と食事の前に手を洗わない方は意外といらっしゃいます。そのような方は、家でもレストランでも、洗面所で洗ったりお手拭きで拭いていない手で、パンやお菓子などを直接持って食べたり、さらには、お料理をする前にも洗わずに始めたり……。

その「ま、いいか」という考えにより、衛生面はもちろんのこと、周囲の方の心地よさも変わってきます。手洗いの習慣は、子どもの頃から育てていくことが大切ですね。

爪は安全に清潔に

子どもは爪が伸びていようが汚れていようが気にもしませんので、親がマメにチェックしてあげる必要があります。お子さんにもよりますが、小学校中学年くらいまでは気にしてあげるようにしてください。

爪が伸びてしまうと、遊んだりふざけたりするうちにお友だちを引っ掻いてしまったり、自分自身を傷つけてしまったりする可能性もあります。足の爪も見逃しがちですが、手の爪と同様に確認してあげましょう。

また、爪の間の汚れも不衛生で見た目の清潔感も失います。ブラシの使い方を教えてあげ、いつもきれいに保つようにしてください。大人でも、特に男性はまったく気にされていない方もいますので、幼い頃からの習慣の大切さを感じます。

歯磨き、洗顔は家のルールで

爪切りと同様に、歯を磨くこと、顔を洗うことはほとんどのお子さんにとって「めんどくさい」「苦痛なこと」のようです。

歯磨きをいやがり泣き叫び、ごまかそうが、なだめようが、強行作戦でも、毎日1時間近くかかってしまう……。そんな3歳の女の子のお母さまから悲痛なお声を聞いたこともあります。

しかしながら、自分自身を清潔に保ち、健康を保つために、しっかり歯を磨くこと、顔を洗うことをきちんと伝えていきましょう。理由、目的を理解させたうえで、子どもには「いやだけど、やらなければならないこと」として毎日、親が毅然と誘導していくべきです。

なお、一日のうちで歯磨きや洗顔の時間やタイミングは、それぞれのご家庭のルールでよいでしょう。

お風呂は「あ〜気持ちいい！」の合い言葉で

お風呂が嫌いな子は歯磨きなどに比べると圧倒的に少ないようです。ただし、それでも、シャンプー問題が立ちはだかります。シャンプーハットや目に染みにくいシャンプーの力を借り、お風呂は苦痛でない場所というイメージを植えつけていきたいものです。お父さまやお母さまがお風呂上がりに「あ〜気持ちいい！」とつぶやくことによって、お子さんにも「お風呂＝気持ちがいいもの」という刷り込みが成功するかもしれません！

また、お風呂では湯舟に浮かばせるおもちゃや、壁に貼る知育玩具などで親子の時間を楽しむことができます。

晩ご飯の後はどうしても慌ただしく、「あーもうこんな時間！　寝かせなきゃ」なスど時間に追われてしまい、お風呂の時間も短くなりがちですが、できれば入浴タイムはゆったりとリラックスするひと時にしたいですね。

ハンカチとティッシュはポケットと決める

お教室で「ハンカチは?」「あら、ティッシュはどこ?」と聞いたとき「おかばんのなかー」とお稽古バッグの中を探し始める子、「もってなーい」や「おかあさんのバッグに入ってます」「わかんない」と答えるお子さんがいます。

飲みものをこぼしてしまったときなど、ハンカチやティッシュはとっさの際やハプニング時に使うことも多いもの。ポケットや自分の手提げに入っていたりいなかったり、お母さまに預けていたりいなかったりなど、子ども自身が管理できていないとすぐに取り出せず困ります。理想を言えば前日に、遅くとも当日の朝に着る服が決まった時点でポケットに入れることを習慣にしてください。

このとき「必ず自分でご用意すること」がお約束です。たとえポケットがない服であっても、ハンカチ・ティッシュを入れる付けポケット(移動ポケット)をお洋服につけるよう徹底させましょう。

自分のバッグを持つ

自分の持ちものは自分で管理する習慣も身につけさせたいものです。お出かけの際は、ポシェットやリュックなど自分専用の「おかばん」を持つと、大好きなぬいぐるみや本、お絵かきセットやおやつ……、これらを自分で管理できるようになりますのでおすすめです。

出先で、「おかあさん、なんかな〜い?!」と言ってお母さまのバッグを引っ掻き回すことはさせたくありません。自分が必要なものは自分で自分のバッグに入れ、自分で持って行くようにさせましょう。あまり欲張りすぎて多く入れると、重くて大変になるということもお勉強できますね。

お稽古の道具も自分で管理する

お教室にいらして、「あ！　クーピーペンなーい」という子、「あら？　えんぴつは？」と尋ねると悪びれた様子もなく「しらなーい。ママがいれわすれたかも」と答える子の多いこと！

自分のお稽古で自分が使うもの、持って行くべきものは必ず子ども自身がチェックし用意することも習慣化させていきましょう。お弁当ももちろんです。玄関に向かう前に「ハンカチ、ティッシュ、スケッチブック、お弁当……」と子どもが声に出して確認する癖づけをさせてください。

ですから、「ごめんごめん、ママ忘れちゃったね」などの言葉は、子どもに「親が用意してくれるもの」という勘違いをさせてしまいますので使うべきではない、ということがおわかりでしょう。

季節と気温を考えて服を選ぶ

服選びを子どもに任せているご家庭も多々あります。考える力、選ぶ力も育ちますので、季節や気温を考えて、長そでや半そで、羽織るものや素材選びを教えていきます。

慣れてくると、朝夕の気温の差も考えられ、傘やレインコート、長靴など雨降りの日に必要なものも想像しながら選ぶことができるようになりますよ。

「場」に合った服を選ぶ

お天気や気温も考えて自分でちゃんと選べるようになったら、次は出かける場所によって着るべき服の種類も自分で想像しながら選ぶようにしたいですね。

公園で遊ぶから汚れてもいい服。お友だちのおうちに行くからちょっとおしゃれできれいな服。家族でお出かけだから、ちょっと「おにいさんおねえさんの服」……など、服選びの楽しさを味わうことにより、TPOをわきまえた装いができる大人に成長していってくれることでしょう。社会に出てからもとても重要な感覚のひとつです。

靴選びもさせてみる

雨の日の長靴は割と簡単に判断できますが、それ以外の靴も考えさせてみてはいかがでしょうか？　お洋服を先に選んで、それに合った靴をチョイスしても、その逆に靴から決めて、服を選んでいっても結構です。

私の生徒さんの中には、日常的に自分の靴も選んでいる子がいます。ある日、一緒にお出かけするお父さまとお母さまの服を見て、それに合うと思った靴を玄関に揃えてくれた、というお子さんも！　その日は、お受験塾の模擬面接がある日。「紺色の服のときはいつもこの靴だから」と覚えていて自ら出してくれたとのことで、ご両親が感激していらっしゃいました。

脱いだ服はまずたたむ、ハンガーに掛ける

脱いだら脱ぎっぱなし！　おまけに袖は裏返しになったまま……。これを続けていると、中学生になっても高校生になっても（大人になっても⁈）本人は何も気にならず、服を脱ぎ散らかして、部屋の中は乱れ、そして、所作もだらしがない人になってしまうでしょう。

脱いだカーディガンやジャケット、コートはサッとたたむ。またはハンガーに掛けることを教えてあげてください。こういった丁寧なふるまいが「育ちがいい子」に繋がっていきます。

私の教室の生徒さんの例ですが、お風呂に入るときに脱いだ洋服、洗濯する服であっても、すべてきちんとたたんで棚に置くことを習慣づけているご家庭もありますよ！　一事が万事丁寧ですので、いくつもの超難関校に合格されました。

汚れ、ほつれ、シワをチェックする

よほどのきれい好きか神経質なお子さんでない限り、子どもはちょっとくらい服が汚れていようが、糸がほつれていようが、シワになっていようが気にしません。また、ボタンが取れかかっていてもそのまま着続けます。

しかし、このような状態は周りにはとてもだらしなく映り、不潔感、不快感を与えてしまうということをわからせましょう。「子どもだから……」と見逃すことはせず、出かける前には必ず全身が映る鏡を見せて、前からだけでなく横や後ろ姿も含め身だしなみを整えることを習慣化してください。

おもちゃ・文具・お道具などものを大切にする

おもちゃや文具、お道具を扱うとき、「そーっとよ」「やさしくね」の声かけはとても大切です。乱暴に扱うと落として割れたり壊れたりしてしまい、元には戻らないことが多いということを伝えていきましょう。大好きなおもちゃなのに雑に扱ったり放り投げたりしてしまったときには、お父さまお母さまがきちんと注意をしていかないと、成長してもものを雑に扱う癖が抜けなくなってしまいます。

なお、高価なものだから丁寧に、安いものだからどうでもいい、という考えをご両親が持っていると、それは子どもにも伝わってしまいます。どんなものでも丁寧に扱うように導いてあげてください。

使ったら元の位置に戻す

片づけが苦手、使用したものを元の場所に戻せない、という大人は大勢いらっしゃいますね。性格もありますが、そこには日頃の習慣が大きく関わっています。

私の作法教室でも、カードの箱や積み木、クレヨンなど使ったお道具をひとつひとつ丁寧に元通りにしてくれる子、自分が座った椅子も必ず戻してくれる子がいます。逆に、声をかけないと全部出しっぱなし、さらには、お帰りのときにも自分のお手提げにしまうのがめんどうくさくて、「おいていく」「せんせいにあげる」と言う子も！　もちろんそんな子は椅子も戻してくれていません。

子どもであっても、終わったら片づける。使ったものは自分の責任で元の場所へきちっと戻す。終わったら片づける。これはお子さん自身もご家族も、今後気持ちのよい生活を送るための基本です。

引き出しは開けたら閉める

洋服ダンスやお道具入れなどの引き出しについても同じです。「閉めたつもり」でちょっとだけ開いているときでも、きっちり閉めるよう促しましょう。やはり大人になってからはなかなか直らない癖となってしまいます。

使わないものはあげる、捨てる

ものを大事に扱い保管することは大切です。ただし、ずっと使っていないものをそのままため込んでいる家は決して心地よい空間ではないはずです。「もったいないから」「いつか使うかも」「誰かにあげるかもしれない」という思考だと、おもちゃでも洋服でもどんどんたまっていきますね。お父さまお母さまも身に覚えがあるでは？

必要なものは大切に使う、思い出の品は大切に飾る。それ以外は早めにどなたかに差し上げたり、バザーに出したり、奉仕活動として提供したり、感謝とともに思い切って処分することも必要です。

「これ、ずっと使ってないから○○ちゃんにあげようか？」「よその国の困っているお友だちに送ってあげましょうか？」と提案しながら、お子さんと使わないものの行き先を話し合ってみてはいかがでしょうか。そこから、ものを大切に考える心や、どなたかに利用いただける最善の道を選ぶ力も育めます。

「断捨離®」を心がけ、いつもスッキリと必要なものだけに囲まれて過ごしたいものですね。

ただし、人に差し上げる際に、自分が「不要だから」「捨てるにはしのびない……」という思いだけで押しつけるのは配慮に欠ける行為です。相手の方にありがた迷惑にならないよう、きれいなもの、喜んでいただけるものを吟味しましょう。

ベッドメイキングをする

朝起きたら、ベッドやお布団はそのまま……というお子さんがほとんどのようです。お布団は大きいので、ついつい直してあげてしまうのが親心ではあります。しかし、自分がひと晩過ごさせてもらった寝床ですから、ぜひ自分で整えたいもの。ベッドがきれいに整っている状態や、お布団がきちんとたたまれている寝室は気持ちがよいということをお子さんにも感じてもらいたいのです。

私の生徒さんの中にも、自分のベッドだけでなく、毎朝お父さまお母さまのベッドメイキングも担当している子が何人かいますよ！　力仕事になりますので、汗をかきながら一生懸命整えてくれているそう。きっと体力もつきますね。

自分で起きる

「えっ！　子どもが目覚まし時計をかけるんですか？」と驚く方も多いのですが、私は「自分で起きる」ことができてこそ、「自立」に繋がると考えます。

毎朝お母さんに起こしてもらう。目が覚めたら早かろうが遅かろうが起きてくる……。このようなご家庭がほとんどであり、おそらく、お父さま、お母さまもそれをあたりまえだと思っていることでしょう。

私の作法教室に通われている方のご家庭では、夜寝る前に子どもが自分で目覚まし時計をセットし、朝ベルが鳴ったらひとりで起きるという毎日を送っている子も少なくありません。いずれも年中、年長さんです。

どうですか？　やらせてみますか？

第8章

感性を育む体験と教養

普段の暮らしの中で感じる、伝える

春夏秋冬やその旬の食材、四季により移り変わる虫やお花の種類。二十四節気の名称とそれぞれの意味。幼い子のお絵かきでは普段使わない色とその名前……。忙しいと、そして「まだ子どもだから」と、つい見過ごしがちですが、親としてぜひ伝えていきたいものです。

また、自分が食べている食材が産地から届く経路についての知識や、食物を育てることの大変さと喜び。日常あたりまえに利用している水や火、通信機器がない場所での暮らし方や生き方……。このようなことを考えたり体験したりしたことがないお子さんと、親子で汗をかき、楽しみながら経験したお子さんとでは必ず感性や教養といった面で違いが出てきます。

ぜひお早めにご家族で考え取り組んでいただきたい課題です。

四季＋梅雨を五感で知る

「『春』と聞いて思い出すものは？」

私の質問にまったく答えられない子、逆に「さくら、お花見、入学式、チューリップ、なのはな、すみれ、おひなさま……」などと、10個以上ポンポン出てくる、そんな生徒さんもいます。知識として覚えるだけでなく、四季の移り変わりを、目で見えるものはもちろん、音や香り、肌などで感じられると、お子さんの感性、そして日々の生活も必ず豊かになります。

日本には梅雨がありますから、できれば、春夏秋冬と梅雨、この4＋1の季節の違いと美しさも子どもなりに感じてもらいたいですね。

「うちの子にはまだちょっと難しいかな？」と思われるかもしれませんが、立春、立夏、立秋、立冬をはじめ、春分、夏至、秋分、冬至、大寒、啓蟄《けいちつ》などの二十四節気も、大人の会話から何気なく耳にするだけで、子どもは意外と覚えているものです。親から子どもにかんたんな説明をしてあげるとなおよいでしょう。そして、冬至にはカボ

二十四節気
春
立春
雨水
啓蟄
春分
清明
穀雨
夏
立夏
小満
芒種
夏至
小暑
大暑
秋
立秋
処暑
白露
秋分
寒露
霜降
冬
立冬
小雪
大雪
冬至
小寒
大寒

チャをいただいて柚子湯に入って……など、季節の行事食や習わしについても、子どもたちに伝えてあげていってほしいと思います。

自然を感じる・愉しむ

土の香り、草花の愛らしさ、風の音、空気の味、そして虫の音《ね》……。残念なことではありますが、みなさんの幼少の頃よりそれらを身近に感じることが難しくなってきたかと思います。そんな環境の子どもたちにも、親としてできるだけ自然を味わえる場に連れて行ってあげたいですね。

私の生徒さんたちの例を挙げますと、キャンプでテントを張る、火をおこす工程を見せる、海や川で魚を釣って家族でいただく、畑を借りて子どもと一緒に大根や小松菜を育てて収穫する、苗を植えるところから始め、一面が黄金色に輝く中での稲の刈り取りまでを体験させる、自然公園を散策して虫や花や葉っぱを図鑑で調べる……など。工夫し、探せば、子どもにいろいろな体験ができる場所や機会を与えてあげることができます。

普段の生活では見られないようなお子さんの表情を見ることができたり、素直な感性からふっと発する意外な言葉が聞けたりすることでしょう。いつの時代にも子どもは自然が大好きですから！

日本の行事を大切にする

とかく、ハロウィンやクリスマスなど華やかなイベントに目が行ってしまいがちですが、日本には古来、素晴らしい行事がたくさんあります。年神様をお迎えし、一年の幸せを祈る「お正月」から始まり、邪気を払う「節分」、ご先祖様や自然に感謝、敬意、慈しみを表す「お彼岸」、桃の節句、端午の節句……など、そのひとつひとつに意味があり、大切に受け継いでいきたいものばかりです。

華やかで楽しいイベントだけでなく、大切な意味のある季節の行事をぜひ親子で引き継ぎ、大切に守り、ご家族で味わっていただきたいと考えます。

文化・芸術を身近に

「まだ子どもだから……」「どうせわからないし」と考えがちですが、ピュアで先入観のまったくない子どもは、意外にも芸術性の高いものや美しいものを「きれいだねー」「これ大好き」とすんなり受け入れます。

私の生徒さんでも、日本や世界の数々の名画（A４ほどの大きさの写真）を毎日眺め、題名と作家の名前をすぐにおぼえてしまい、気に入ってずっと眺めているというお子さんがいます。私は２年間彼女を見てきましたが、確かに優れた感性を持つ子です。もちろん、このご家庭は、絵の他にも「子どもだから……」という先入観なく、さまざまな経験もさせていらっしゃいます。

また、他にも、美術館、博物館、音楽会、歌舞伎、お能などを経験し、すっかりはまってしまっているお子さんもいらっしゃいますよ！

ぜひ、お父さまやお母さまの意識から「まだ早い」「もう少し大きくなったら」という思い込みを排除してみてはいかがでしょうか？　きっと、それまでは気づかなかったお子さんの感性が見えてくることでしょう。

本物を使う

「本物」とは高価なものだけを意味するわけではありません。リーズナブルであっても良いもの、美しいものを見る、触れる、扱う、ということは子どもの敏感な感性を刺激し、磨くことに繋がります。「子どもが喜ぶから……」とキャラクターや動物、車、電車、プリンセスのイラストなどの食器やお道具ばかりを揃えるのではなく、本当に美しい絵が描かれたもの、評価の高いもの、伝統ある素材や絵柄などの品物もぜひ日常で使わせてあげてください。

いくつの色を言えますか？

ほとんどの子どもたちが通常お絵かきに使っているのは12色ほどのクレヨンやクーピーペンでしょう。お絵かきが大好きな子や得意なお子さんでも24色程度ではないでしょうか？　しかし、このくらいの色数で十分だと考えるのは、もしかしたら私たち大人の思い込みなのかもしれません。

「えっと、もえぎ色だったかなあ？」「あさぎ色がすごくきれいでした」と表現してくれる生徒さんがいます！　大人でもめったに使わない色の名前ですが、これらを知ることにより、色に対する感性と表現の世界がどんどん広がりますね。

72色や１６０色、１８０色、それ以上の色鉛筆も手に入りますので、名称を知らない色がありましたら、お子さんとご一緒に覚え、親子で美しい色の表現を愉しんでみてはいかがでしょうか？

お皿やランチョンマットを選ぶ

食卓の彩りもお子さんに任せてみてはいかがでしょう？　「きょうのごはんはなぁに？」「じゃあコロッケが茶色だからお皿はこれ！」と、お料理が盛られたときの色を想像してお皿やランチョンマットを選んでいくことで、その子独特の色選びやその組み合わせに対する感性に磨きがかかります。

「お父さんは緑色が好きでしょ」「ママのお洋服と同じ色だから」など、一緒に食べる人たちの好みや似合う色を考えて一生懸命選んでくれている子どもの姿はとてもほほえましいですよね。

お惣菜パックのままはNG！

夜、帰宅し、「ごはんを食べさせて、お風呂に入れて、絵本の読み聞かせをして早く寝させないと…」と時間に追われることは多々あるものです。

スーパーやデパ地下で買えるお惣菜はそんなときとてもありがたいもの。しかし、それらをお皿に移さずそのまま食卓に並べてはいませんか？　もしくは、時間がたっぷりある日なのに「お皿を余分に汚したくないし……」と理由をつけてパックのままお出ししてしまってはいませんか？

この風景に慣れてしまった子どもに、感性や豊かな心が育つでしょうか。

身に覚えのあるお父さまやお母さま、これからはちょっとしたひと手間をかけて、かわいいお子さんの感性を育んでさしあげてください。

自分の名前の由来を知っている

親として思いを込めてつけたお子さんのお名前。その由来を、ちゃんとお子さんにお話しししていますか？　私の生徒さんでも4歳くらいになると、「みんなから愛されますように、っていういみなの」「ささえあうっていうことです」「クリスマスが近いから」など、私にお名前の由来をしっかりと説明してくれます。

このときの生徒さんたちの得意そうで満足そうで誇らしげで、そしてうれしそうな表情は、とてもかわいらしいものです！　難しい漢字であっても、子どもは意外とすんなり理解し覚えてしまうもの。まだ伝えていらっしゃらないお父さま、お母さまは、ぜひ今日にでもお話ししてみてあげてください。

第9章

強い心を育てる

どんな時代・状況にも立ち向かっていける精神力

お行儀も大事。コミュニケーション力も大事。美しい所作や心づかいも重要。お勉強もスポーツも感性もとても大切です。でも、「これからの時代を生き抜く我が子に一番大切なことは？」と聞かれたら……。折れない心、負けない心、くじけない心、強い心を育ててあげることが、親の役割として最も重要ではないかと私は考えます。

どのような時代になろうとも、どんな困難に遭遇しようとも、お子さんが自ら問題に立ち向かっていける精神力と適応力、応用力が育まれるよう、お父さま、お母さまもこれらの大切さをしっかり伝え、全力でサポートしてあげてください。

「負けず嫌いな子」になる

私が生徒さんたちを見ていると「負けず嫌いな子」には2種類あるように感じます。ひとつは、負けるのが悔しくて何度も何度もできるまで挑戦する頑張り屋さん。もうひとつは、負けるのが悲しくて、失敗することを極力嫌い、自分には難しいこと、できそうもないことは最初からあきらめてしまう、挑戦しないお子さんです。

じつは後者もさらに二つに分かれます。それは、気が弱く、自信がなく失敗を怖がって挑戦しない子。もうひとつは、プライドが高く「負けたら恥ずかしい」「負ける自分を見せたくない」と思う子の2種類です。きっと大人でも同じですね！

ぜひお子さんには前者の、挑戦する子、頑張る子に育っていってほしいと思います。お父さま、お母さまが、「○○くんならきっとできるよ」「今日から頑張れば、今度の日曜日にはできているかもしれないね」「失敗しないと成功もしないのよ」「挑戦すること、頑張ることがすごいことなんだよ」……など声かけをなさりながら、褒めたり、背中を押したり、一緒に取り組んだりと、お子さんの性格に適した方法で、根気よく導いてあげてください。

ポジティブ思考になる

第3章でもお話ししましたが、親がネガティブな言葉ばかり発していれば、自然と子どもの思考も沈みがちになります。ご両親が前向きな言葉で声かけしながら、お子さんが自信を持って歩んでいけるよう、何事にも果敢に取り組んでいけるよう、ポジティブに考えていくことを、ぜひ習慣づけさせてください。

私も生徒さんたちには「○○ちゃんなら絶対にできるから、やってみましょう！」と声かけし、少しずつでも進んだことやできたことを褒めるのはもちろん、それ以上に取り組もうとした姿勢や、頑張ったことを称え授業を進めています。

もちろん、私以上にお子さんを強くたくましい精神に育てていくのはお父さま、お母さまの役割です。これからさまざまな困難が待ち受けているであろう学生時代、そして社会に出てからも、ハプニングや困難に大きな挫折をすることなく、折れることなく、前へ進んで生きていける人間となりますように……。

頑張りを褒める。過程を褒める

こちらは、私がとても大切に考えていることなので、今一度、具体的にお伝えさせていただきます。

「できたできた！　すごいねー！」「100点取ったの?!　○○ちゃん偉いね～」という褒め言葉はもちろん子どもにとってとてもうれしいものですので、どんどん言ってあげてほしいと思います。

ただし、これらは「できた」「満点だった」という結果に対して称賛している言葉です。もしあなたが子どもの結果にだけ焦点を当てて褒めているとしたら、子どもは「できなければ褒められない」「100点を取らなければえらくない」という意識が植えつけられ、その結果、プレッシャーに弱い人間になってしまったり、「できそうもないか

ら最初からやめておこう」という逃げる思考になってしまったりすることも考えられます。

お父さま、お母さまには、お子さんが頑張った過程、努力ができた心もぜひ褒めてあげてほしいのです。

「すごいね！　○○ちゃんが毎日頑張ったからできたのね！」「あきらめないでやった○○ちゃんは偉かったね」と！

このように育った子は、トライすること、頑張ること、あきらめないことが大切だということを知り、この先何事に対しても努力ができる人間になるはずです。その結果、達成感、成功を味わう経験も必ず多くなるでしょう！

人のせいにしない

間違いや失敗を認めることが苦手な子がいます。人のせいにすると自分が楽になるのでしょう。「だって○○くんはまだしてるし」「でも○○ちゃんが先にやったから」など人のせいにして逃げの姿勢に回ってしまうのです。しかし、これを放っておくと、正しい行動ができない子となってしまいます。後々決して得をしません。むしろ結果的に信用を失い損をしてしまうことのほうが多いでしょう。

お子さんが人のせいにすることを口にしたら、早い段階で「人のことは言わない」「まず、自分がしたことがよいことだったのか、それともよくないことだったのかを言いましょう」と教えていくことが大切です。

素直な心を持つ

本書で幾度も登場する「素直」という言葉ですが、私は小さなお子さんから大人の方々までレッスンをしていると、老若男女関係なくこの「素直さ」が一番大切だと日々感じます。素直な子、素直な人は吸収力もとても大きいですし、習得するスピードも速い。そして、何より、周りからかわいがられます！　どんな指導者でも素直な子には丁寧に教えたくなるものです。

親としてできること、それは、お子さんが素直な心から発した言葉を耳にしたり、素直な心で行ったことを目にしたりした際に、思い切り褒めてあげることです。

「けじめのつく子」にする

「先生、お受験で受かる子はどんな子ですか？」とよく質問されます。私が必ずお答えするお受験合格者のポイントは「けじめのつく子」です。

子どもだから遊ぶときは伸び伸びと思い切り遊ぶ。でも、「集まれ〜」「やめ！」とひと声かかったらサッと切り替えられ、すぐにやめることができる子です。教室でも

そのトレーニングを行いますが、まったくできなかったお子さんでも、回数を重ねるごとに必ず素早く切り替えられるようになります。

「だってみんなまだやってるから」「だって○○ちゃんが話しかけてくるから……」「あと1回だけ」「もう少しだけ」ではなく、自分がやるべきことをやる。指示に従う。今すべき正しいことをする。とても難しいことですが、とても大切なことです。

コラム

効果絶大の「合い言葉」

数年前、私の教室に来ていた6歳のMくん。とにかく失敗すること、間違えることを非常に恐れるお子さんでした。私との会話でのちょっとした質問をはじめ、試験向けの口頭試問に答えたり、ペーパーに書き込んだりする際、そして答え合わせのときのMくんのビクビクとした態度は、見ている私の方が辛く胸が痛くなるほどです。これは間違ってしまったときのお母さまの厳しさが強く影響していることがすぐにわかりました。

そこで私は、Mくんが「あ、失敗しちゃった!」という言葉をあっけらかんと言えるよう誘導していくことを最優先に考えました。

「失敗した」「間違えた」という言葉など絶対に口にしなかったMくん。レッスンを始めたばかりの頃は躊躇し小声でしか言えなかったのですが、大きな声で堂々と言うことを指導していきました。すると、すぐに自分から進んで口にするようになっていきました。そのときのMくんのなんと子どもらしくうれしそうだったこと!

Ｍくんの様子をとても案じていたお父さまは、「先生、本当にありがとうございます。大げさでなく命の恩人です」とまでおっしゃってくださるほど心配なさっていました。

第一志望の名門小学校に合格したＭくん、今頃は自分の意見がちゃんと言えるお兄さんになっていることでしょう！

おわりに

本書をお読みいただきありがとうございました。最終ページまで進まないうちに、さっそくお試しくださり、すでに結果が出たり効果を感じられたりしているお父さま、お母さまも少なくないのでは？　何ヵ月も困り果てていたことが「あら？」と思うほど、あっけなく直ってしまったという方もいらっしゃることでしょう。

そうです！　視点を変え、声のかけ方を変えると、また、お父さまやお母さまご自身の行動を変えると、あっさり改善することも多いのです。しかし、これは当事者ほど難しいもの。だからこそ、プロの指導法を知ることが大切なのです。

最後に、これまで私の作法教室で結果を出されたお子さん方の実例をいくつかご紹介させていただきます。

「この子が大人と話すのを初めて見ました」と、初回レッスンで涙ぐみながらおっしゃったお母さまがいらっしゃいます。極度な引っ込み思案の女の子で、よその大人の人と話したことは本当に1度もなく、幼稚園でも「先生」と呼ぶなど決してなかったそう。しかし、1ヵ月後には「先生、○○を忘れました」と自分から言えるようになり、2ヵ月後にはクラス全員の前で堂々と発表したり、歌を歌うことまでできるようになりました。

また、10秒とじっとしていられず、常に動き、頭から足までからだ中さわったり掻いたり……とまったく落ち着きのなかった年長の女の子。お受験では致命的です。お母さまがそれこそ10秒ごとに「ほら！ 気をつけでしょ」「動かないの！」「手を下ろしなさい」と隣からずっと姿勢を正させ続ける状態でした。ところが、お預かりして1時間弱、ピクリとも動かずピシッと座っていました。そんな我が子の姿に、お母さまは「信じられません」と目を丸くされていました。

カウンセリング時になんと靴のままテーブルの上に乗ってしまったやんちゃな男の子も、椅子から勝手に下りて立ち歩くことすらなくなり、その後、男子校人気ナンバーワン、文武両道の名門小学校に見事合格されました。ごあいさつにいらしてくれた際には、「お机の上に登ってたこの子がねぇ……！」とご両親と懐かしんで笑いあいました。

「ご紹介でしか受けることすらできない」「良家のお嬢ちゃま、お坊ちゃまが通う」と言われている超難関幼稚園に合格された男の子は、非常に賢いのですが、あいさつやアイコンタクトをほぼしない、お返事もすぐにできない、よくひとり言を言っているお子さんでした。やはり初回の授業の際、お母さまの目の前ですべてできている我が子の姿に、「どの塾でもだめでしたのに……先生、ありがとうございます。ありがとうございます」と何度もおっしゃってくださいました。

「良家」「育ちがいい子」とは……

・代々続く「良い家柄」「名家」など「限られた生まれの特別な人」だけのことではない。
・今から、誰でもが手に入れられる。

私のこの強い思いを受け止め、発刊に至るまで支え続けてくださいました毎日新聞出版の久保田さんに感謝申し上げます。

そして、本書『良家の子育て』をお手に取っていただき、最後までお読みくださったお父さま、お母さまに心よりお礼申し上げます。

諏内えみ

著者略歴

諏内えみ（すない・えみ）

「マナースクール ライビウム」「親子・お受験作法教室」代表

皇室や政財界を始めとするVIPアテンダント指導などを経て、スクールを設立。豊富な経験に基づき、本物のふるまいや会話、上質なマナーの指導を行う。

「結果を出す作法教室」との定評があり、難関幼稚園や名門小学校からも高い評価を集め、第一志望合格率95％を実現。多くの有名校へのトップ合格を達成している。一人ひとりの志望校や、性格、能力に応じた最適な方法での丁寧な指導で、キャンセル待ちが出る信頼の教室とされている。

大人向けでは、「女性向けオーダーメイド講座」「男性向けオーダーメイド講座」などプライベートレッスンの他、「ハッ！ とさせる美しい立ち居振る舞い」や「また会いたいと思わせる会話力アップ」、「和・洋テーブルマナー」講座などを展開。近年は世界中どこからでも受講できるオンライン講座も人気。

映画・ドラマでの女優のエレガント所作指導も多く、自身もテレビ・雑誌やYouTube「諏内えみチャンネル」などメディアで幅広く活躍中。

ベストセラー『「育ち」がいい人だけが知っていること』（ダイヤモンド社）をはじめ、『世界一美しいふるまいとマナー』（高橋書店）、『一流女性のあたりまえ』（扶桑社）など著書多数。

装丁／本文デザイン　清水真理子（TYPEFACE）
イラスト　大沢かずみ

良家《りょうけ》の子育《こそだ》て

第１刷　2021年２月28日
第２刷　2021年３月５日

著　者　諏内《すない》えみ

発行人　小島明日奈

発行所　毎日新聞出版
〒102-0074
東京都千代田区九段南1-6-17　千代田会館５階
営業本部　03（6265）6941
図書第一編集部　03（6265）6745

印刷・製本　光邦

ISBN978-4-620-32668-9